TENHO UM ALUNO COM DISGRAFIA: E AGORA?

COMISSÃO EDITORIAL DA OBRA

Maria Nobre Sampaio

Fonoaudióloga (Unesp). Mestra e Doutora em Educação (Unesp). Pós Doutorada Júnior pelo CNPq. Especialista em Linguagem e em Fonoaudiologia Educacional (CFFa). Docente Voluntária do Departamento de Fonoaudiologia da UFES e Fonoaudióloga Clínica da "Desenvolver - Centro de desenvolvimento cognitivo" (Vitória/ES).

Rita de Cássia Duarte Leite

Fonoaudióloga pela Pontifícia Universidade Católica de Goiás – PUC/GO. Mestra em Ciências da Saúde pela Faculdade de Medicina da Universidade Federal de Minas Gerais (UFMG). Doutora em Psicologia pela Faculdade de Filosofia e Ciências Humanas da Universidade Federal de Minas Gerais (UFMG). Fonoaudióloga com atuação clínica nas áreas de linguagem e aprendizagem. Fonoaudióloga educacional com enfoque no processo de alfabetização e transtornos de aprendizagem. Coordenadora científica e professora do Curso de Especialização em Linguagem com ênfase no Desenvolvimento Infantil da FonoAprimorar, em parceria com a FACSET/MG. Professora do Curso de Especialização em Linguagem com Enfoque nos Distúrbios de Linguagem, Aprendizagem e na atuação em âmbito educacional do CEFAC/FAMOSP.

Suzelei Faria Bello

Fonoaudiólogia pela Universidade Estadual Paulista Júlio de Mesquita Filho (1994), Licenciatura em Pedagogia (2012), Mestrado em Educação Especial (Educação do Indivíduo Especial) pela Universidade Federal de São Carlos (2009) e Doutorado em Educação Especial - Univerdidade Federal de São Carlos (2013). Pós-Doutorado em Ciência Tecnologia e Sociedade(UFSCar) Especilista em Fonoaudiologia Educacional. Aprimoramento em Linguagem Infantil e Especialização em Intervenções Precoces no Autismo, baseado no Modelo Denver. Pesquisadora do Centro de Pesquisa e Desenvolvimento Infantil. Fonoaudiologa Clinica do Centro de Pesquisa e Desenvolvimento Infantil - CPEDI. Consultora de Escolas do Ensino Infantil da rede privada com Experiência na área de Linguagem, Educação Especial e Inclusiva. Vice-coordenadora do Comitê de Educação Especial da Sociedade Brasileira de Fonoaudiologia gestões 2010-2022 e 2023-2025.

Coleção
Aos Mestres com Carinho

TENHO UM ALUNO COM DISGRAFIA: E AGORA?

SIMONE APARECIDA CAPELLINI
MONIQUE HERRERA CARDOSO

Artesã

Tenho um aluno com disgrafia: e agora?

DIRETOR
Alcebino Santana

DIREÇÃO DE ARTE
Tiago Rabello

REVISÃO GRAMÁTICAL
Lígia Serrano Lopes

REVISÃO DAS NORMAS DA ABNT
Michele de Souza Lopes

CAPA
Artesã Editora/Walkiria P. Campos

DIAGRAMAÇÃO
Artesã Editora/Walkiria P. Campos

Catalogação na publicação: Janaína Ramos – CRB - 8/9166

T292

Tenho um aluno com disgrafia. E agora? / Organização de Simone Aparecida Capellini, Monique Herrera Cardoso; Prefácio de Luciana Cidrim. – Belo Horizonte: Artesã, 2024.

(Aos mestres com carinho)
Organização da coleção: Ângela Mathylde Soares
164 p.; 16 X 23 cm

ISBN 978-85-7074-127-1

1. Disgrafia. 2. Fonoaudiologia. 3. Psicopedagogia. 4. Escrita. I. Capellini, Simone Aparecida (Organizadora). II. Cardoso, Monique Herrera (Organizadora). III. Cidrim, Luciana (Prefácio). IV. Título.

CDD 616.8552

Índice para catálogo sistemático

I. Disgrafia

IMPRESSO NO BRASIL
Printed in Brazil

(31)2511-2040 (31)99403-2227
www.artesaeditora.com.br
Rua Rio Pomba 455, Carlos Prates - Cep: 30720-290 | Belo Horizonte - MG
/artesaeditora

APRESENTAÇÃO DA COLEÇÃO

Profa. Dra. Ângela Mathylde Soares

A Coleção AOS MESTRES COM CARINHO é um diálogo com conteúdo sobre o dia a dia do chão de sala de aula com a intenção e objetivo de responder indagações e inquietações das perguntas sem respostas. O famoso "e agora?".

Esta coleção tem o desejo de trazer a valorização dos profissionais de educação.

Precisamos entender que essa ação de valorizar não está ligada apenas a remuneração, mas sim a dar condições para que os envolvidos no processo do educar e do aprender tragam bagagem pedagógica que acompanhe as novas tecnologias e as novas aprendizagens.

E não podemos nos esquecer das novas parcerias feitas com a educação, como a psicopedagogia, a saúde, a ciência, o direito e várias outras áreas presentes na educação do século XXI.

A Informação hoje é rápida, dinâmica e imediata, e com isso, com esta nova geração de estudantes, é necessário um professor que caminhe nesse mesmo território. Assim, há necessidade de capacitar e renovar para acompanhar as tão desejadas mudanças.

Precisamos alinhar as ações incluindo a capacitação dos docentes, as parcerias das famílias e o casamento com a ciência, trazendo respaldo a esta formação, com intuito, intenção e garantia de melhora constante do ensino. Esta coleção será um encontro carinhoso, respeitoso e eficaz sobre o tema que trabalhará a qualificação e a motivação dos nossos mestres e os envolvidos nesta gestão.

Uma equipe qualificada e preparada para as demandas de sala de aula é de suma importância, aliás, fundamental para que este objetivo seja cumprido.

Entendemos que esta coleção é um investimento importante que trará um conforto para professores, alunos, gestores e profissionais da educação, que possibilitará uma melhoria nas questões, individualidade e empoderamento do aluno – o que se fará por volumes e temáticas pontuais, possibilitando, assim, para o profissional da educação, ter informação ampla e bem assertiva sobre cada assunto proposto.

É importantíssimo ressaltar os benefícios que esta coleção trará aos cursos universitários, favorecendo a reflexão de que, no processo, precisam receber com a teoria, a prática e o envolvimento uma metodologia que traga excelência e respeite as competências e habilidades de nossos alunos.

A prática em sala de aula tem que nortear o aluno e o professor em atividades que estimulem a criatividade e a pesquisa baseada em evidências, por meio de um marco teórico fundamentado.

Pensando nessa discrepância entre o que se aprendeu na faculdade e a realidade de uma sala de aula, nasce a coleção AOS MESTRES COM CARINHO, para auxiliar responder os agoras dos profissionais da educação. Nasce uma coleção que se importa com a educação de qualidade e com evidência.

E não podemos nos esquecer do professor e de todos os envolvidos neste processo de receber o melhor de nós.

Com muito carinho, como professora, dedico esta coleção aos profissionais da educação, com o coração cientificado e motivado. Espero que esta experiência seja proveitosa. Curta os volumes e responda às perguntas que não querem calar!

O meu MUITO OBRIGADA!

APRESENTAÇÃO DAS ORGANIZADORAS

O Livro intitulado "*Tenho um aluno com Disgrafia: e agora?*" é uma importante obra direcionada para professores e profissionais que atuam na área da Educação.

O conteúdo deste livro apresenta 11 importantes temas relacionados à Disgrafia e seu impacto na aprendizagem acadêmica que, muitas vezes, são pouco conhecidos ou reconhecidos dentro do ambiente de sala de aula.

Os autores, de forma didática, discorreram sobre as implicações deste transtorno específico da aprendizagem para a alfabetização, para o desenvolvimento da escrita caligráfica, destacando a necessidade dos profissionais da área educacional em conhecer melhor este transtorno para poder adequar e adaptar as situações de ensino-aprendizagem das crianças com Disgrafia.

Desta forma, nós organizadores desta obra, desejamos que os leitores, sejam estes professores ou profissionais da equipe técnica-pedagógica, aperfeiçoem e aprofundem os seus conhecimentos para que as suas práticas possam melhorar o manejo das crianças com Disgrafia em sala de aula, pois, somente desta forma, será garantido o direito ao pleno desenvolvimento educacional destas crianças.

Monique Herrera Cardoso
Simone Aparecida Capellini

PREFÁCIO

A Coleção de livros *Ao Mestre com Carinho*, idealizada pela Dr.ª Ângela Mathylde representa uma importante contribuição no âmbito da Educação no sentido de compartilhar informações relevantes sobre as especificidades e manifestações observadas no desenvolvimento acadêmico dos escolares que apresentam os chamados Transtornos Específicos de Aprendizagem.

Com imenso prazer recebi o convite para prefaciar este livro *Tenho um aluno com Disgrafia. E agora?* que, brilhantemente organizado pelas Dr.ª Monique Herrera Cardoso e pela Prof.ª Dr.ª Simone Aparecida Capellini, discute com maestria temas relacionados à Escrita Manual e seus Transtornos.

Já no Capítulo 1, intitulado "Será que meu aluno tem Disgrafia?", escrito por Monique Herrera Cardoso e Simone Aparecida Capellini, o leitor é convidado a refletir sobre 'Já parou para observar um adulto alfabetizado escrevendo à mão? Parece algo tão simples, automático e fácil, que chega a parecer algo inato ao ser humano'... Será que é tão simples mesmo ou será uma falsa impressão?!.

"O processo de aquisição e desenvolvimento da escrita manual" é descrito no Capítulo 2 pela Clara Brandão de Avila e Marisa Sacaloski que além de destacarem que a Escrita Manual é uma ferramenta a serviço da comunicação expressiva humana e deve ser entendida como conquista cognitiva recente a ser aprendida por meio de instrução formal, apresentam estratégias de como o professor pode ajudar nesse processo.

No Capítulo 3, Eliane Giachetto Saravali e Camila Fernanda da Silva-Bandeira, apresentam "O Papel do Pedagogo no Ensino da Escrita Manual" com sugestões de atividades que podem ser utilizadas como inspiração com os escolares da Educação Infantil e Ensino Fundamental com o objetivo de um melhor desenvolvimento da escrita manual.

Natasha Cinti de Sá e seus Colaboradores, Pesquisadores do Brasil e da Itália, apresentam no Capítulo 4, a caracterização das "Habilidades Percepto-visomotora de Escolares do Ensino Fundamental I", destacando que '... ainda são poucos os estudos que investigam o desenvolvimento da percepção visomotora e a sua relação com a leitura e escrita, entretanto, estudos que envolvem a caracterização do desempenho percepto-visomotor em escolares com bom desempenho acadêmico são extremamente necessários'.

As bases neurobiológicas das Funções Executivas e da escrita manual, assim como sua relação com o desenvolvimento e o impacto sobre o desempenho acadêmico são apresentadas no Capítulo 5, "As Funções Executivas e sua Relação com a Escrita Manual", escrito por Graziele Kerges-Alcantara e Simone Aparecida Capellini que destacam que a prática da escrita caligráfica é indispensável para que escolares reduzam demanda de memória operacional e atenção, permitindo que esses recursos cognitivos de nível superior estejam disponíveis para a resolução de tarefas mais complexas como a produção de texto.

Francisco Rosa Neto, em seu Capítulo 6 sobre o "Desenvolvimento Motor e Dispraxias", aborda detalhadamente a correlação entre Desenvolvimento Motor, Inteligência Motora, Coordenação, Propriocepção e Praxia Motora.

No Capítulo 7, escrito por Juliana Flores, intitulado "A habilidade motora fina como pré-requisito para o desenvolvimento da escrita manual" destaca-se que 'a escrita manual é uma habilidade complexa e requer anos de prática. Além disso, o controle preciso dos movimentos da mão e o desenvolvimento da habilidade motora fina requerem muito estímulo e treino, sendo aprimorados durante toda a infância'.

No Capítulo 8, "A disgrafia em sujeitos com Dislexia", escrito por Natália Lemes dos Santos e Bianca dos Santos são apresentados os problemas da escrita manual em concorrência com a Dislexia, uma vez que escolares com Dislexia do Desenvolvimento apresentam maior número de alterações na grafia em relação aos escolares com bom desempenho acadêmico.

Mais uma vez, em parceria com Pesquisadores do Brasil e da Itália, Giseli Donadon Germano e Colaboradores apresentam no Capítulo 9, a "Opinião de professores sobre a escrita caligráfica de escolares disléxicos", sugerindo a necessidade de orientação e capacitação específica aos professores sobre a qualidade da escrita manual tanto de escolares com desenvolvimento típico em aprendizagem como de escolares disléxicos.

Ainda sobre Dislexia, Marilia Piazzi Seno e Simone Aparecida Capellini, autoras do Capítulo 10, tratam sobre a "Caracterização dos

Aspectos relacionados à Coordenação Motora em Escolares com Sinais de Risco para Dislexia", evidenciando a importância da avaliação desses aspectos como forma de identificação da Dislexia.

E por fim, em seu último Capítulo, intitulado "O Uso da Tecnologia para Avaliação e Intervenção da Escrita Manual", escrito por Giseli Donadon Germano e Simone Aparecida Capellini finalizam este *'Compêndio de ouro'* sobre a Escrita Manual e suas Manifestações.

Por tudo isso apresentado, este livro que elucida questões fundamentais sobre as relações entre a Escrita Manual e as manifestações dos Transtornos Específicos de Aprendizagem com Prejuízo na Leitura e na Escrita, nos convida a refletir que a escrita caligráfica e a escrita ortográfica, quando associadas, formam a memória lexical ortográfica, uma vez que o conhecimento das letras e das suas representações exige muito mais do que o mecanismo de decodificação letra-som, pois exige a associação entre a leitura, o movimento da escrita e a ortografia. Sendo assim, podemos entender que as falhas no processamento central estão relacionadas aos erros de escrita ortográfica, também denominada de disortografia e as falhas no processamento periférico estão relacionados aos erros de escrita caligráfica, também denominado de Disgrafia.

Desejo uma boa leitura a todos.

Luciana Cidrim

Fonoaudióloga (UNICAP). Especialista em Fonoaudiologia Educacional (CFFa). Mestra e Doutora em Ciências da Linguagem (UNICAP). Graduada em Letras (UNINTER). Coordenadora do Comitê de Ensino Fundamental I e II do Departamento de Fonoaudiologia Educacional da SBFa. (Gestão 2023-2025). Pós-doutoranda junto ao Programa de Ciências da Linguagem da UNICAP. Docente no Programa de Pós-Graduação em Ciências da Linguagem (PPGCL-UNICAP). Membro dos Grupos de Pesquisa CNPq – GETE/Gênero, Texto e Ensino e Saúde da Comunicação Humana.

SERÁ QUE MEU ALUNO TEM DISGRAFIA?

Monique Herrera Cardoso

Simone Aparecida Capellini

INTRODUÇÃO

Já parou para observar um adulto alfabetizado escrevendo à mão? Parece algo tão simples, automático e fácil, que chega a parecer algo inato ao ser humano.

Fonte: Pixabay.

Entretanto, isso é apenas uma falsa impressão, uma vez que a escrita manual envolve a ativação simultânea de diferentes regiões cerebrais (Planton *et al.*, 2013) e o envolvimento de diversas habilidades (Vinci-Booher, 2019), a saber:

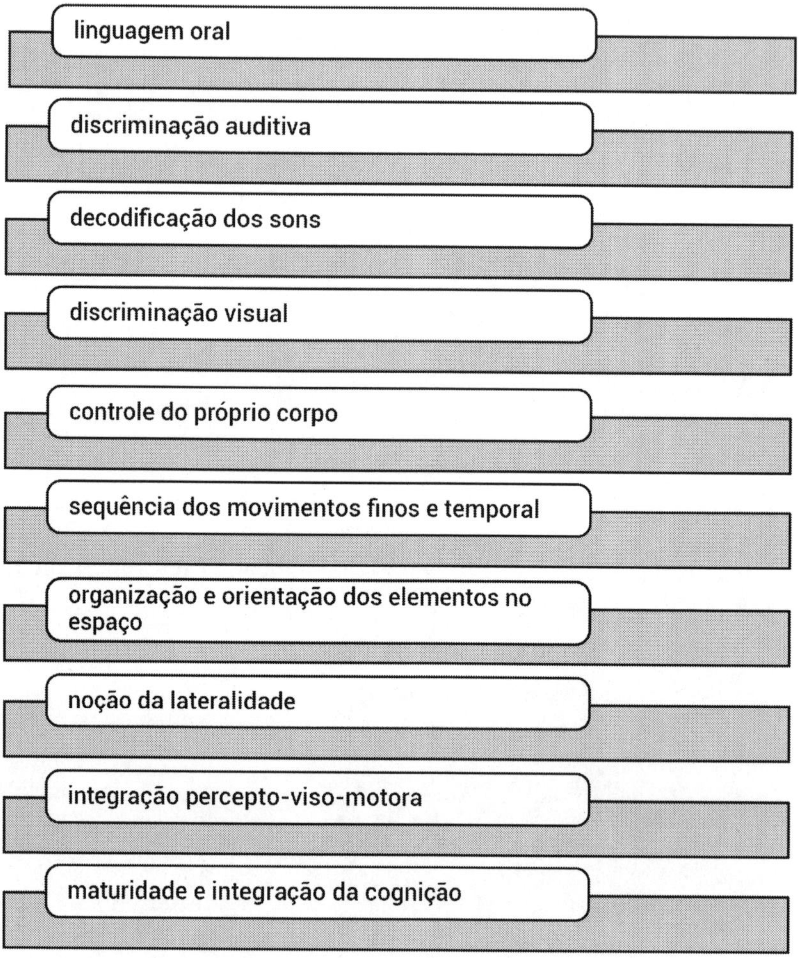

Fonte: Elaborado pela autora.

Diante dessa complexidade que é a escrita manual, existem crianças que não são capazes de adquirir essas habilidades, citadas acima, de maneira eficaz, o que gera prejuízos no traçado da letra, a famosa "letra feia", ou ainda, são escolares muito lentos para copiar as atividades dispostas na lousa pela professora.

Muitos são taxados pelos próprios pais e/ou professores de preguiçosos, desleixados, desinteressados pela escrita ou, ainda, por pura falta de capricho, deixando de lado a necessidade de se olhar atentamente para essa criança e identificar que, na verdade, o que ela pode estar apresentando é um quadro de Disgrafia.

Fonte: Pixabay

DEFINIÇÃO

O Manual Diagnóstico e Estatístico de Transtornos Mentais (DSM-5; APA, 2013) deixa claro que o quadro de Transtorno de Aprendizagem pode conter três especificadores:

- Déficit na Leitura (Dislexia) – F.81.0;
- Déficit na Matemática (Discalculia) – F.81.2;
- Déficit na Escrita (Disortografia e Disgrafia) – F.81.81

Tratando-se do Transtorno Especifico de Aprendizagem com Déficit na Escrita, o DSM-5 coloca como características sintomatológicas prejuízos na precisão ortográfica, gramatical e da pontuação (manifestações da Disortografia) e, ainda, na clareza e organização na expressão escrita (manifestações na Disgrafia).

Disgrafia, de acordo com a etimologia da palavra, deriva dos conceitos "dis" (desvio) + "grafia" (escrita), ou seja, é "uma perturbação de tipo funcional que afeta a qualidade da escrita do sujeito, no que se refere ao seu traçado ou à grafia" (Torres; Fernández, 2001, p. 127).

Segundo Rosenblum, Aloni e Josman (2010), a Disgrafia é uma incapacidade que um indivíduo, com nível intelectual adequado, tem ao tentar produzir uma escrita compreensiva, mesmo após as devidas instruções e práticas, na Educação Infantil e Ensino Fundamental, para a aquisição da escrita.

ETIOLOGIA

A etiologia da Disgrafia é considerada multifatorial (Zhuravlova, 2018), podendo ser encontradas, na literatura, evidências genéticas, neurobiológicas, cognitivas e socioambientais.

a. Genéticas: Estudos internacionais indicam que a Disgrafia tem um caráter hereditário (Kornev, 2006), autossômico dominante (Hallgren, 1976) o qual corroborou com o estudo de (Bakwin, 1973), ao verificar a existência da Disgrafia em irmãos gêmeos.

b. Neurobiológicas: Sabe-se que, o nível intelectual de crianças disgráficas deve estar dentro dos padrões de normalidade, entretanto, há uma disfunção no sistema nervoso central, caracterizado pela imaturidade de algumas funções. De acordo com a literatura, há uma assimetria entre os hemisférios direito e esquerdo quando se observa as regiões sensório-motoras (Orton, 1937).

c. Cognitivas: crianças com Disgrafia podem apresentar déficits nas Funções Executivas de alto nível tais como inibição, planejamento e organização, monitoramento, controle emocional e memória de trabalho, habilidades estas que estão envolvidas na produção da escrita em sua fase de transcrição (Rosenblum, 2018), uma vez que o escritor precisa usar essas habilidades no momento da escrita como, por exemplo, recuperar pela memória de longo prazo as formas da letra, planejar os movimentos motores e ativar a musculatura para reproduzir motoramente os traços, respeitando sua ordem e direção (Prasad; Pal, 2018).

d. Socioambientais: autores relatam que a grande dificuldade das crianças adquirirem a escrita manual de forma eficiente tem grande influência sobre a inconsistência na metodologia de ensino e no tempo destinado à prática da escrita manual (Zhuravlova, 2018).

PREVALÊNCIA

Estima-se que a prevalência de dificuldades quanto à escrita manual varia entre **10 a 30%** (Feder; Majnemer, 2007), sendo mais presente em meninos do que em meninas, na proporção de 2:1, respectivamente (Cardoso; Liporaci; Capellini, 2018). De acordo com o estudo de Ajuriaguerra *et al.* (1971), os autores levantaram a hipótese de que isso acontece devido ao desenvolvimento precoce, por parte das meninas, da psicomotricidade geral, motricidade fina, superioridade verbal e maior sensibilidade aos estímulos. Em tarefas de escrita, as meninas apresentam medida de qualidade (legibilidade) superior, além de escreverem mais rápido e textos mais longos, quando comparados com as amostras de meninos (Williams; Larkin, 2012).

MANIFESTAÇÕES

a. Sinais de risco

A criança, no momento que está desenvolvendo a habilidade da escrita manual, pode já demonstrar que não está acompanhando como seu grupo classe, podendo ser evidenciadas algumas características, tais como:

- maiores pressões exercidas no papel;
- maior variabilidade no tamanho das letras;
- alinhamento ruim;
- organização espacial inadequada;
- dificuldades quanto à formação e sequenciamento das letras;
- maior tempo do lápis/caneta no ar (faz mais pausas durante os traçados das letras);
- tem uma lentidão ao copiar as atividades propostas (escreve menos caracteres por minuto).

Embora as dificuldades caligráficas sejam manifestações comumente identificadas em escolares por seus professores, pais e, até mesmo profissionais da Saúde, a maioria das vezes não são consideradas graves e, consequentemente, **não são realizadas ações corretivas** (Bosga-Stork, Bosga, Meulenbroek, 2015). O que pode ser considerado um grande erro, uma vez que as dificuldades na aquisição das habilidades de escrita podem ser vistas como preditoras de dificuldades de aprendizagem (Fin; Barreto, 2010), além de causarem prejuízos acadêmicos, psicológicos e na autoestima (Cardoso; Capelini, 2017; Asselborn; Chapatte; Dillenbourg, 2020).

b. Transtorno Específico da Escrita: Disgrafia

O que o DSM-5 define como déficit na clareza e organização na expressão escrita, a literatura internacional (Feder; Majnemer, 2007) descreve como prejuízos na legibilidade e na velocidade (taxa de produção reduzida), ou seja, é um transtorno da expressão escrita que afeta a qualidade e a quantidade de escrita (Shen; Lee; Chen, 2012).

Quanto à legibilidade as manifestações podem ser agrupadas em quatro fatores:

Figura 1 – Quadro explicativo sobre as características topográficas da escrita manual

Formação de letras	Espaçamento	Alinhamento	Tamanho
· número incorreto de traços (traços ausentes ou a mais); · orientação da curvatura incorreta; · letras rasuradas.	· espaçamento incorreto entre letras e/ou palavras (muito distantes ou sobrepostas)	· dificuldade em escrever em uma linha reta; · dificuldade em respeitar à margem da folha.	· tamanho irregulares das letras (largura, altura); · falha no respeito ao tamanho relativo dos traços de uma determinada letra.

Fonte: Elaborado pela autora.

Quanto à velocidade de escrita as manifestações a serem identificadas nos disgráficos são referentes à dificuldade em manter um movimento continuo, isto é, o fluxo do traçado é interrompido por pausas indevidas, ou ainda por realizar o movimento do traçado de forma mais lentificada (Rosenblum; Parush; Weiss, 2003).

Ao observar que o escolar apresenta déficits na legibilidade e na velocidade de escrita, com persistência de, no mínimo, seis meses, habilidade escrita inferior ao esperado para a idade cronológica, dificuldades no desempenho escolar ou profissional e prejuízos nas atividades da vida diária, pode-se afirmar que este escolar apresenta o quadro de Disgrafia.

PRINCÍPIOS AVALIATIVOS

Durante o processo avaliativo, três aspectos devem ser levados em consideração:

- **A tarefa a ser solicitada:** As atividades de cópia, escrita do alfabeto e escrita temática são atividades comumente utilizadas em pesquisas internacionais para se conhecer o perfil caligráfico de pacientes atendidos com queixas de dificuldade na escrita manual. Entretanto, o tipo de texto exigido ao escolar também influencia a velocidade, devido à demanda da tarefa (Graham; Weintraub, 1996), ou seja, escrever um texto autogerado é mais exigente do que o texto copiado. Portanto, cabe ao avaliador definir qual será a melhor forma de solicitar a amostra de escrita.

- **Avaliação da legibilidade:** esta, por sua vez, se tratanto de no Brasil não termos disponíveis ferramentas tecnológicas para avaliar a legibilidade e a velocidade de escrita (como, por exemplo, a ferramenta chinesa *Chinese Handwriting Assessment Tool* – CHAT (Li-Tsang *et al.*, 2011), podemos realizar duas análises, sendo elas:

- **Avaliação global-holística:** é realizado um julgameto global do produto escrito, classificando a amostra de escrita como legível ou ilegível.

- **Avaliação analítica:** é realizado um julgamento a partir das caraterísticas topográficas da amostra de escrita, levando em consideração os quatro fatores mencionados anteriormente (formação de letras, espaçamento, alinhamento e tamanho). Cada fator leva uma determinada pontuação e, a partir, da somatória desses pontos é feita uma pontuação global, a qual é determinante para o diagnóstico de déficits na legibilidade da escrita.

- **Avaliação da velocidade:** a velocidade de escrita pode ser calculada pelas operações letras/segundo, palavras/segundo, tempo que os sujeitos utilizam para realizar a atividade ou, ainda, tempo que o leitor utiliza para realizar a leitura da amostra de escrita.

PRINCÍPIOS INTERVENTIVOS PARA CLÍNICA EDUCACIONAL

Ao identificar uma criança com Disgrafia, estratégias interventivas podem ser realizadas em contexto escolar, desde a pré-escola, e também em contexto clínico, visando minimizar os impactos negativos que as dificuldades com a escrita manual podem vir acarretar na vida dos escolares. Tratando-se da escrita manual ser uma habilidade percepto-visomotora, a intervenção teria como princípios atividades que contemplem:

- Habilidade de controle motor fino (por exemplo, picotar com as mãos);
- Habilidade de percepção cinestésicas (por exemplo, pinturas);
- Habilidade de percepção visual (por exemplo, jogo dos sete erros);
- Habilidades com a integração percepto-visomotora (por exemplo, ligar os pontos);
- Conceitos de noção espacial (direita e esquerda; em cima e embaixo; dentro e fora; frente e atrás);
- O ensino e prática da pega correta do lápis e quais os dedos que serão utilizados;
- A formação individual das letras, contendo a ordem e direção corretas dos traçados a serem grafados;
- As similaridades e diferenças entre as letras (por exemplo, letras C/G/O).

CONSIDERAÇÕES FINAIS

O intuito deste capítulo é evidenciar o quanto a habilidade de escrita manual é uma habilidade complexa, havendo necessidade de entendimento de seu desenvolvimento, bem como os mecanismos envolvidos, pois, assim, será melhor elaborado um programa de prevenção e de identificação do escolar que não tiver acompanhando o processo de aprendizagem e, consequentemente, um plano de intervenção.

Resumindo:

Figura 2 – Mapa mental sobre os conceitos da Disgrafia

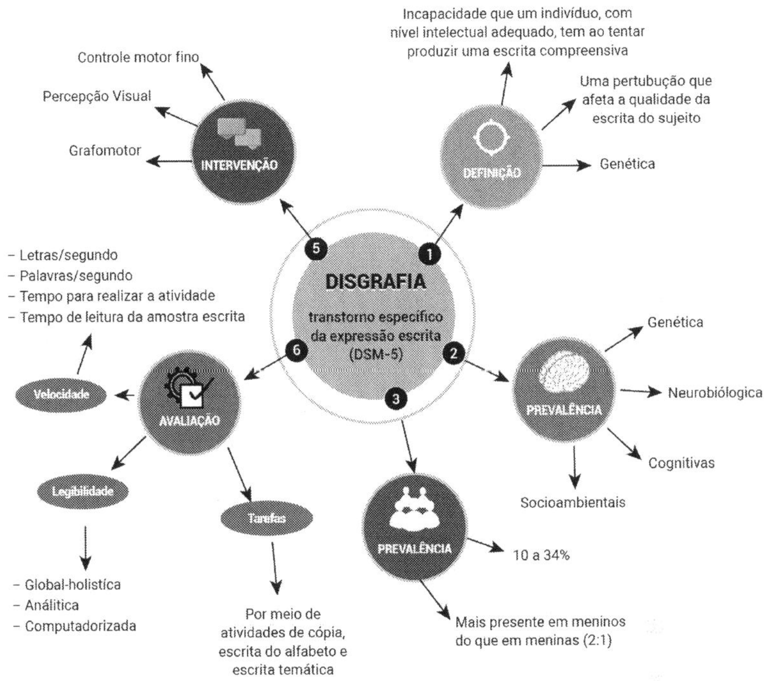

Fonte: Elaborado pela autora.

REFERÊNCIAS

AJURIAGUERRA, J.; Auzias, M.; Coumes, F. **L'Ecriture de l'enfant. L'évolution de L'écriture et ses difficultés**. Deuxiéme Édition. France: Delachaux et Niestlé, 1971. v. 1, 289p

APA. American Psychiatric Association. **Diagnostic and Statistical Manual of Mental Health Disorders**. 5. ed. Arlington, VA: American Psychiatric Publishing, 2013.

ASSELBORN, T.; CHAPATTE, M.; DILLENBOURG, P. Extending the Spectrum of Dysgraphia: A Data Driven Strategy to Estimate Handwriting Quality. **Scientific reports**, v. 10, n. 1, p. 3140, 2020. DOI: https://doi.org/10.1038/s41598-020-60011-8.

BAKWIN, H. Reading Disability in Twins. **Developmental Medicine & Child Neurology**, v. 15, n. 2, p. 184–187, 1973. DOI: 10.1111/j.1469-8749.1973.tb15158.x.

BOSGA-STORK, I. M.; BOSGA, J.; MEULENBROEK, R.G. J. Dysgraphic Handwriting Development and Inclusive Education: The Role of Interdisciplinary Counseling. **Open Journal of Social Sciences**, v. 3, p. 35-47, 2015. DOI: http://dx.doi.org/10.4236/jss.2015.38003.

CARDOSO, M. H.; CAPELLINI, S. A. **Compreendendo os Transtornos específicos de aprendizagem – Compreendendo a disgrafia**. Ribeirão Preto: Booktoy, 2017

CARDOSO, M. H.; LIPORACI, G. F. S.; CAPELLINI, S. A. The Quality of Handwriting of Elementary School Students II: A Comparison between Boys and Girls. *In:* CARDOSO, M. H.; CAPELLINI, S. A (org.). **Handwriting and Dysgrafia**: Relation and Assessment. 1ed.New York: Nova Science Publisher, 2018. p. 75-89. v. 1.

FEDER, K. P.; MAJNEMER, A. Handwriting development, competency, and intervention. **Developmental Medicine and Child Neurology**, v. 49, n. 4, p. 312-317, 2007. DOI: http://onlinelibrary.wiley.com/doi/10.1111/j.1469-8749.2007.00312.x/epdf .

FIN, G.; BARRETO, D. B. M. Avaliação motora de crianças com indicadores de dificuldades no aprendizado escolar, no município de Friburgo, Santa Catarina. **Unoesc & Ciência – ACBS**, Joaçaba, v. 1, n. 1, p. 5-12, jan./jun. 2010.

GRAHAM, S.; WEINTRAUB, N. A review of handwriting research: Progress and prospects from 1980 to 1994. **Educational Psychology Review**, v. 8, n. 1, p. 7–88, 1996.

HALLGREN,. Specific dyslexia. **Acta Psychiatry Neural**, v. 65, suppl, 1–287, 1976.

KORNEV, A. N. **Osnovyi logopatologii detskogo vozrasta**: klinicheskie i psihologicheskie aspektyi. Saint Petersburg: Rech, 2006.

LI-TSANG, C. W. P.; AU, R. K. C.; CHAN, M. H. Y.; CHAN, L. W. L.; LAU, G. M. T.; LO, T. K.; LEUNG, H. W. H. Handwriting characteristics among secondary students with and without physical disabilities: A study with a computerized tool. **Research in Developmental Disabilities**, v. 32, p. 207-216, 2011.

ORTON, S. **Reading, Writing and speech problems in children**. London: Chapman and Hall, Ltd., 1937.

PLANTON, S.; JUCLA, M.; ROUX, F-E.; DÉMONT, J-F. The "handwriting brain": A meta-analysis of neuroimaging studies of motor versus orthographic processes. **Cortex**, v. 49, n. 10, p. 2772–2787, 2013. https://doi.org/10.1016/j.cortex.2013.05.011.

PRASAD, S.; PAL, P. K. Letter Specific Dysgraphia: A Silent Stutter. **Movement disorders clinical practice**, v. 5, n. 6, p. 640–642, 2018. DOI: https://doi.org/10.1002/mdc3.12650.

ROSENBLUM, S. Inter-relationships between objective handwriting features and executive control among children with developmental dysgraphia. **PloS**

one, v. 13, n. 4, e0196098, 2018. DOI: https://doi.org/10.1371/journal.pone.0196098.

ROSENBLUM, S.; ALONI, T.; JOSMAN, E. N. Relationships between handwriting performance and organizational abilities among children with and without dysgraphia: A preliminary study. **Research in Developmental Disabilities**, v. 31, p. 502-509, 2010.

ROSENBLUM, S.; PARUSH, S.; WEISS, P. Computerized temporal handwriting characteristics of proficient and non-proficient handwriters. **The American Journal of Occupational Therapy**, v. 57, n. 2, p. 129-138, 2003.

SHEN, I.-H.; LEE, T.-Y.; CHEN, C.-L. Handwriting performance and underlying factors in children with Attention Deficit Hyperactivity Disorder. **Research in Developmental Disabilities**, v. 33, p. 1301–1309, 2012. DOI: http://dx.doi.org/10.1016/j.ridd.2012.02.010.

TORRES, R. M.; FERNÁNDEZ, P. F. **Dislexia, disortografia e disgrafia**. Lisboa: McGraw-Hill, 2001.

VINCI-BOOHER, S. A. **Brain development from sensorimotor experiences**: handwriting and letter perception. 255p. 2019. Tesis (Doctor of Philosophy) - Department of Psychological and Brain Sciences and the Program in Neural Science, Indiana University, 2019.

WILLIAMS, G. J.; LARKIN, R. F. Narrative writing, reading and cognitive processes in middle childhood: what are the links? **Learning and Individual Differences**, v. 28, p.142-150, 2012. DOI: 10.1016/j.lindif.2012.08.003.

ZHURAVLOVA, L. Analysis of modern views on the etiology of dysgraphia. **EUREKA: Social and Humanities**, n. 1, p. 64-70, jan. 2018. ISSN 2504-5571. DOI: http://dx.doi.org/10.21303/2504-5571.2018.00545.

O PROCESSO DE AQUISIÇÃO E DESENVOLVIMENTO DA ESCRITA MANUAL

Clara Brandão de Avila

Marisa Sacaloski

A escrita manual é considerada, em essência, uma habilidade percepto-motora (Thomassen; Teulings, 1983) com componentes de linguagem e motricidade (Albaret, Kaiser; Soppelsa, 2014). O controle motor fino, a integração viso-motora bilateral, o planejamento motor, a atividade manual, a propriocepção, a percepção visual, a atenção sustentada e a percepção (consciência sensorial) dos dedos e dos movimentos que eles fazem, são algumas das habilidades ou componentes que possibilitam a escrita manual fluente, precisa e regular quanto à forma das letras (Feder; Mejnemer, 2007). Embora não sigam um curso paralelo de desenvolvimento (Graham *et al*, 1998), velocidade e precisão são dois parâmetros que importam em todo o estudo e análise das aquisições e desenvolvimentos típicos ou alterados da aprendizagem da leitura e, também, da escrita (Cardoso, 2014; Cardoso; Capellini, 2017).

Ela é ferramenta a serviço da comunicação expressiva humana e, da mesma forma que a leitura, deve ser entendida como conquista cognitiva recente a ser aprendida por meio de instrução formal; pode ser definida como "um sistema de meios gráficos empregados com o propósito de produzir enunciados e textos aceitáveis em uma dada comunidade linguística" (Scliar-Cabral, 2003).

Escrever é uma atividade complexa que abarca tanto processos linguísticos centrais (fonológicos, semântico-lexicais, ortográficos) quanto processos periféricos e motores (alografia, planejamento e execução de padrões motores). O aprendizado da escrita demanda tempo e uma série de aquisições e desenvolvimentos de capacidades específicas o precedem. São habilidades e competências, desde automáticas (linguísticas, cognitivas, visuais, motoras) até metacognitivas. É preciso saber como e ter destreza para compor rápida e eficientemente as letras - às vezes complexas - e dispô-las sequencial e consecutivamente, de forma a representarem vocábulos que foram selecionados e encadeados gramaticalmente para expressar, linearmente, o pensamento humano (Gombert, 2009).

Com maior frequência, estudam-se os processos relativos ao aprendizado do código alfabético até a apropriação da ortografia e a capacidade de criar e elaborar textos coerentes e coesos, independentemente de essa geração ocorrer com lápis ou caneta, ou com uma ou ambas as mãos, no caso de digitar. Na verdade, pouco foco se coloca sobre o processo de produção gráfica e esta é um importante componente da escrita manual.

Do ponto de vista expressivo, é necessário que a criança aprenda a dominar o princípio do sistema alfabético e também, a controlar a ortografia, prever o encadeamento das ideias e formalizar o discurso na ausência de um interlocutor (Fayol, 2013). De uma forma geral, pode-se entender a escrita como atividade de produção com sentido, realizada em referência a normas e convenções (ortográficas e sintáticas). Assim considerada, deve ser vista como uma forma de interação social (Rowe, 2008) que se manifesta por meio do ato motor controlado proprioceptiva e visualmente.

Porém, quando analisada sob os pontos de vista da instrução e dos componentes internos relativos ao seu aprendizado (Berninger; Winn, 2008), deve-se levar em conta, respectivamente, o tipo de escola (a prática que proporciona, a demanda do desempenho caligráfico) e a complexidade das estruturas e funcionamento cerebrais envolvidos na integração de códigos e processos cognitivos, metacognitivos, metalinguísticos, perceptivos, motores, viso-motores, estratégicos e pragmáticos para a formulação e produção textual.

Considerando tal complexidade, é fácil imaginar o número de estruturas do cérebro que estão envolvidas. A organização neurobiológica da escrita é ampla e depende, como em outras aprendizagens, da natureza das tarefas e da fase em que estas se apresentam.

Estudos têm mostrado o envolvimento de toda uma rede de áreas cerebrais, às vezes comuns a outras tarefas motoras ou de linguagem, mas também com efeitos para toda a produção escrita. Do ponto de vista neuro-funcional, o processo de aquisição da linguagem escrita envolve as seguintes regiões dos hemisférios cerebrais: na área occipital, o córtex visual primário é responsável pelo processamento dos símbolos gráficos; na área occipto-parietal, há conexões e circuitos responsáveis pelas funções viso-espaciais da grafia; e na área frontal, ocorrem o planejamento, organização e execução do movimento. Todas essas informações são reconhecidas e decodificadas na área de Werneck - área responsável pela compreensão da linguagem. Após essa decodificação, para a expressão da linguagem escrita, o córtex motor primário e a área de Broca são ativados (Marques, 2017). Na região frontal, o ato motor ocorre a partir da intenção de movimento que demanda um planejamento elaborado do córtex pré-frontal. As tarefas de escrita resultam em ativações do lóbulo parietal superior, do córtex pré-motor inferior e superior esquerdo, do córtex temporal posterior inferior, do giro supramarginal, do cerebelo direito, bem como das áreas motoras primárias e complementares. Estas, então, organizam a sequência de atos motores que é projetada na área motora primária que, à sua vez, envia os impulsos elétricos (via medula espinhal) para a execução do movimento planejado para a musculatura de membro superior (Marques, 2017). Entre essas estruturas e funções está a do buffer grafêmico que mantém as representações ortográficas ativas enquanto são assumidas pelos processos periféricos relativos à programação motora (Démonet; Planton, 2012; Planton, 2014).

Sobreposições entre os territórios de leitura e escrita são observadas em diferentes regiões, principalmente na área frontal inferior esquerda e a junção do sulco frontal superior com o pré-central, provavelmente, constitui interface entre representações grafêmicas abstratas e a programação motora. Todo o processo neuro-funcional descrito é mediado pelo córtex pré-frontal, na área cerebral responsável pela motricidade fina e pelo controle de movimentos isolados e, portanto, específicos, das mãos e dos dedos.

A complexidade do suporte neurobiológico da escrita, explica o fato de o aprendizado da escrita em um sistema alfabético depender da aquisição e desenvolvimento de algumas habilidades físicas e cognitivas.

Esse desenvolvimento demanda a integração de funções percepto-cognitivas, viso-motoras e viso-espaciais, além do aprendizado de movimentos específicos para o traçado das letras, realizado como uma resposta motora eficiente durante o manuseio de um instrumento - lápis, caneta, giz, etc. (Ziviani, 1996).

Aprender a escrever requer muitas coordenações simultâneas que se tornarão automáticas e passarão a ser imperceptíveis.

Padrões contrastantes de ativação cerebral mostram um conjunto básico diferente de processos e componentes neurais utilizados durante o aprendizado em relação ao que se vê quando a escrita se torna automática - nessa fase, um número menor de estruturas é ativado para escrever (Mousinho *et al.*, 2020). Resultados disponíveis explicam por que no 2.º e 3.º anos do Ensino Fundamental se observa expressiva variância na qualidade da escrita de um texto. Esta também pode ser atribuída à automatização que algumas crianças atingem na produção de letras liberando sua atenção e outras capacidades cognitivas para desempenhar melhor em outras tarefas como elaborar um texto, ou escrever de forma ortográfica correta.

Atualmente, entende-se que a escrita manual deve mostrar movimentos consistentes temporal e espacialmente, uma característica distintiva da escrita cursiva. Estudos discutem qual o tipo de ferramenta ou de letra se deve utilizar para ensinar a escrever

O estudo de Semeraro, Coppola, Cassibba e Lucangeli (2019) mostrou que o ensino de um único tipo de escrita, no caso a caligrafia cursiva, favoreceu o desenvolvimento das habilidades de escrita nos primeiros anos do Ensino Fundamental. Segundo a autora, esse é um processo lento que tem início, até mesmo, antes da pré-escola, quando escrever é, em tudo, semelhante a desenhar ou, rabiscar: crianças pequenas adoram rabiscar e ver a si mesmas como escritores capazes e competentes; usam letras, formas, desenhos, cores para fornecer e reter informação e para descrever e dar significado ao que produziram. Para isso, já adquiriram controle sobre equilíbrio e os movimentos de sua cabeça e ombros deixando braços e mãos livres para realizar outros tipos de atividades motoras como rabiscar e desenhar em um pedaço de papel, ou apoiar a mão não dominante para fixar o papel (Feder; Majnemer, 2007).

A boa postura corporal é tão importante quanto a preensão correta do lápis, uma vez que proporciona estabilidade do tronco, facilitando a movimentação dos braços, pulsos, mãos e dedos. Escrever requer a produção rápida de letras legíveis, devidamente dispostas no espaço, com o uso de uma ferramenta de escrita. No início, copiam letras de tamanho e formas irregulares para, então, integrando percepções - visuais e de movimentos - orientam e ajustam suas produções escritas. Descobrem os sons das letras e seguem escrevendo sem fluência e depois analisam cada segmento da forma produzida. A mudança mais importante nesse processo de aprendizado acontece quando a criança passa a controlar seus movimentos - inicialmente de forma retroativa, por meio de *feedback* visual; posteriormente, programando seus movimentos antes mesmo de produzi-los (Soler; Kandel, 2009). Por volta dos 10 anos, as crianças desenvolveram esse controle de forma adequada, alcançando a programação motora efetiva.

A partir daí, em alguns anos, as crianças se tornam capazes de escrever com competência. À época de ingressar no Ensino Fundamental, elas usam muito de sua energia mental para controlar a produção das letras e o aspecto gráfico da escrita. Uma porção significante do seu tempo e de energia cognitiva está direcionada para o controle de processos de baixa ordem cognitiva como a correta produção de letras enquanto poucos recursos atencionais ficam disponíveis para tarefas mais complexas como gerar ideias, acesso lexical, gerenciamento de atividades cognitivas e revisão do texto (Soler; Kandel, 2009).

Alguns estudos sustentam a ideia de que o treinamento motor desempenha um papel crucial para aumentar as representações mentais das letras. Segundo Longcamp *et al.* (2008), a memória de ações envolvidas no ato motor de escrever a letra, tem impacto de longa duração sobre o processo de reconhecimento das formas das letras, o que não ocorreria na digitação. Assim, a memória das ações motoras da escrita manual possibilitaria reconhecimento e distinção, mais eficientes e por mais tempo das letras aprendidas e grafadas.

Estudos longitudinais (Semeraro *et al.*, 2019) têm demonstrado a importância de instruir para o ensino da escrita manual, sobretudo para o uso da letra cursiva, para promover o desenvolvimento das outras habilidades de escrita, com vistas à maior quantidade de texto escrito corretamente, ou seja, para a fluência de escrita.

Esses achados ressaltam a importância do aprendizado da escrita manual e da aplicação de programas motores no apoio ao desenvolvimento das habilidades de escrita em escolares do Ensino Fundamental, embora não se tenha ainda, dados científicos suficientes sobre intervenções de estimulação que promovam efetivamente o desenvolvimento da escrita manual. Nesse contexto, seguirão algumas sugestões.

COMO O PROFESSOR PODE AJUDAR NA CONSTRUÇÃO DA ESCRITA MANUAL?

A construção da representação gráfica, antes de tudo, deve ser prazerosa. Portanto, toda a atividade proposta é uma oportunidade para que o aluno se manifeste e comunique-se.

Assim sendo, desde a Educação Infantil, deve-se promover atividades diversificadas que envolvam pintar com os dedos e com pincel, rasgar, cortar com as mãos e com a tesoura, amassar, modelar, perfurar, enfiar contas em um fio, manusear objetos que estimulem a preensão em pinça (usar de pregadores ou pinça para pegar pequenos pedaços de papel e transferi-los de um recipiente para outro), desenhar em papéis grandes e pequenos, com vários tipos de materiais, lápis ou giz, entre outros. O que conta nesse momento é a experiência sensorial, motora, cinestésica e, sobretudo, lúdica.

Algumas tarefas diárias podem ajudar no desenvolvimento motor fino, como na ação de versar líquidos, transferindo-os de uma jarra a um copo ou de um copo a outro ou nas habilidades envolvidas em vestir-se, pentear-se, tomar banho ou alimentar-se. Abrir um zíper, abotoar, desabotoar, amarrar o cadarço de um tênis, colocar moedas em um cofre são tarefas que estimulam importantes habilidades motoras finas, já que favorecem o uso de diferentes formas de preensão, movimento e controle muscular. Além disso, a qualidade do desempenho da criança nessas tarefas também serve para avaliar a função motora fina (Capellini; Coppede; Valle, 2010).

A construção do conhecimento sobre o traçado das letras pode ser oportunizada de maneira diferenciada, como é proposta na metodologia montessoriana, em que se utilizam letras de lixa fixadas a placas de madeira. As letras são apresentadas ao aluno pelo professor e o aluno executa o traçado da letra passando o dedo pelo contorno da mesma, produzindo simultaneamente o fonema a ela associado. Pode-se introduzir setas que mostram a direção do traçado e um ponto colorido no local em que se inicia o traçado da letra, para que haja pistas sobre como realizar o movimento, para os momentos em que a criança executa a tarefa posteriormente, sem o professor próximo (Figura 1). "Ao traçar a letra com o indicador da mão dominante, a criança cria uma memória muscular da letra que um dia irá escrever" (Lillart, 2017, p.117). Além disso, traçar a letra no ar, com uma lanterna ou com os olhos vendados, ajuda a consolidar o conhecimento sobre como a letra é grafada (Lillard, 2017). Essas tarefas integram visão, audição, tato e movimento.

Figura 1 – Letra em lixa sobre placa de madeira.
A marcação indica início e sentido do traçado

Fonte: Elaborado pela autora.

O professor deve ainda priorizar o uso de letra bastão maiúscula para a exposição inicial do aluno à escrita, empregando preferencialmente os padrões arial ou verdana, que apresentam formas mais simples de serem traçadas. A facilidade da produção do traçado deve ser um estímulo à escrita manual, pois seu uso amplia a conectividade funcional das áreas motoras e visuais do cérebro (Vinci-Booher; James; James, 2016). Além disso, crianças que utilizam escrita manual, tendem a reconhecer melhor as letras, quando comparadas a alunos que foram treinados a digitar ao invés de escrever manualmente (Longcamp; Zerbato-Pouddoub; Velay, 2005).

A organização da escrita no papel pode ser facilitada se os limites das linhas (superior e inferior) forem marcados com giz de cera, pois sua textura diferente oferece uma pista adicional para a criança escrever mantendo-se no espaço reservado para a escrita.

O espaço entre as palavras também pode ser enfatizado se convidarmos o aluno a preenchê-lo com materiais que oferecem pistas sensoriais como algodão, glitter ou papel colorido. Pode-se recitar uma parlenda conhecida e pedir que os alunos fechem os olhos e falem as palavras seguindo com os dedos o texto que contém o material sensorial.

Nas atividades matemáticas, pode-se empregar o caderno quadriculado 1x1, que auxilia na organização das operações no espaço.

Vale salientar que as dificuldades concernentes à execução motora das letras e números não devem, em nenhum momento, comprometer a psicogênese da língua escrita e a construção do conhecimento dos números, por isso, o uso de letras e números móveis fixados a um quadro magnético, letras e números de madeira ou plástico, ou ainda com velcro, afixados no quadro de feltro, podem ser alternativas viáveis no momento em que o professor estiver priorizando o registro dos números e a produção de hipóteses de escrita pela criança.

Mas como saber se meu aluno tem alguma dificuldade no processo de desenvolvimento da escrita manual? E o que fazer?

Em primeiro lugar, o professor deve credibilizar suas percepções, já que observa o aluno todos os dias e pode, inclusive, compará-lo com os marcos do desenvolvimento e com outros colegas de mesma idade. As discrepâncias constatadas são alertas que indicam a necessidade de encaminhamento para avaliação especializada, neste caso, o fonoaudiólogo. A avaliação e intervenção precoces sempre surtem melhores resultados.

Vale lembrar que a direção, forma e precisão do traçado frequentemente são associados pela família e pela própria escola como um reflexo do empenho do aluno para escrever e, portanto, como preditores de seu sucesso nas tarefas da vida acadêmica. Por vezes, até que o diagnóstico seja feito, os alunos com Disgrafia experimentam a cobrança da família e a exigência da escola, para que sua escrita caminhe na direção de um padrão aceitável e legível.

Esse cenário pode gerar desinteresse e frustração no aluno, fazendo com que as tarefas de escrita sejam cada vez mais custosas e associadas ao fracasso. Afinal, ninguém gosta de fazer aquilo que acredita que realiza mal.

A partir da confirmação das dificuldades do aluno, é preciso promover adaptações.

Na Educação Infantil e nas séries iniciais do Ensino Fundamental, sugere-se que as atividades que envolvem cópia da lousa, sejam disponibilizadas para o aluno já impressas, uma vez que a cópia é lenta e a qualidade pobre da escrita pode prejudicar a compreensão do material e influenciar no desempenho do aluno, tornando inviável que leia o que escreveu e que mostre o que sabe. Uma outra alternativa é solicitar que o aluno registre o que conseguir e, quando necessário, o professor pode disponibilizar o material digitado.

O professor pode ainda propor que as tarefas que envolvem registro escrito sejam produzidas em grupo em que um dos alunos ocupe o papel de escriba e, quando for a vez do aluno com disgrafia escrever, pode-se incluir ferramentas tecnológicas. Assim sendo, o uso do computador em sala de aula torna-se uma estratégia que auxilia o aluno a escrever tanto nas atividades diárias como em provas ou outras atividades avaliativas. Deve-se apenas lembrar que a velocidade de digitação no computador é diferente da escrita manual, portanto, pode ser que o aluno precise de um tempo maior para realizar as tarefas propostas.

É importante que o aluno com Disgrafia compreenda que o professor estará disponível para promover as adaptações necessárias a fim de que ele possa participar efetivamente de todas as atividades realizadas em sala de aula. Com o passar do tempo, o próprio aluno poderá explicitar para os professores quais são as melhores estratégias para ele. Daí a necessidade de um canal de comunicação efetivo e um vínculo baseado em respeito, empatia e escuta ativa.

Quanto aos colegas de classe, vale a pena conversar em particular com o aluno com Disgrafia para verificar seu desejo de realizar uma conversa com a classe para explicar sobre suas necessidades, desmistificar o quadro e prevenir o *bullying*.

Os pais também precisam ser orientados quanto ao aproveitamento de atividades cotidianas para a estimulação do desenvolvimento das habilidades motoras da criança e quanto às tarefas escolares a serem cumpridas em casa. Cabe ressaltar que não se trata de privilégios, mas de adaptações às necessidades do aluno, conforme é preconizado na Lei de Diretrizes e Bases da Educação Nacional (LDB) e no Estatuto da Criança e do Adolescente. Por isso, é preciso deixar claro que o aluno tem um potencial que precisa ser estimulado e revelado, basta que tenhamos discernimento para descobrir como isso pode ser feito.

A equipe escolar precisa trabalhar de forma integrada ao longo dos anos de escolarização, pois o aluno passará por várias etapas até que sejam encontradas as melhores adaptações. Aliado a isso, o contato com a equipe multiprofissional que atende o aluno, como fonoaudiólogo e psicólogo, deve ser firmado o mais brevemente possível para que, tanto profissionais da escola, quanto a família conheçam o trabalho desenvolvido e, desta forma, possam contribuir para a evolução do estudante.

No mais, basta respeitar a diversidade humana, assegurar o "direito de pertencer" e agir de forma comprometida e criativa para promover o sucesso acadêmico do aluno e fazer com que ele se desenvolva de forma integral e contínua, participando de todos os espaços dentro e fora da escola e com o direito de exercer sua cidadania. Afinal, essa é a meta da educação!

Bom trabalho!

REFERÊNCIAS

ALBARET, J. M. J-M, KAISER, M-L.; SOPPELSA, R. **Troubles de l'écriture chez l'énfant: des modèles à l'intervention**. Paris: De Boeck-Solal, 2013.

BERNINGER, V. W.; WINN, W. D. Implications of advancements in brain research and technology for writing development, writing instruction and educational evolution. *In:* MACARTHUR, C. A.; GRAHAM, S.; FITZGERALD, J. **Handbook of writing research**. New York: The Guilford Press, 2008. cap 7.

BRASIL. Lei n.º 8.069, de 13 de julho de 1990. Dispõe sobre o Estatuto da Criança e do Adolescente e dá outras providências. **Diário Oficial da União**: seção 1, Brasília, DF, ano 128, n. 135, p. 13563, 16 jul. 1990. Disponível em: http://www.planalto.gov.br/ccivil_03/leis/L8069.htm. Acesso em: 19 dez. 2020.

BRASIL. Lei n.º 9.394, de 20 de dezembro de 1996. Estabelece as Diretrizes e Bases da educação nacional. **Diário Oficial da União**: seção 1, Brasília, DF, ano 134, n. 248, p. 27833, 23 dez. 1996. Disponível em: http://portal.mec.gov.br/seed/arquivos/pdf/tvescola/leis/lein9394.pdf. Acesso em: 19 dez. 2020.

CAPELLINI, S. A.; COPPEDE, A. C.; VALLE, T. R. Função motora fina de escolares com dislexia, distúrbio e dificuldades de aprendizagem. **Pró-Fono Revista de Atualização Científica**, v. 22, n. 3, p. 201-208, 2010. DOI: https://dx.doi.org/10.1590/S0104-56872010000300008.

CARDOSO, M. H. **Adaptação cultural do Detailed Assessment of Speed of Handwriting (DASH) para escolares de Ensino Público**. Orientador: Simone Aparecida Capellini. 2014. 119f. Marília. Dissertação (Mestrado) - Programa de Pós-Graduação em Fonoaudiologia, Universidade Estadual de São Paulo, Marília, São Paulo, 2014.

CARDOSO, M. H.; CAPELLINI, S. A. **Compreendendo os transtornos específicos de aprendizagem**: compreendendo a disgrafia. Ribeirão Preto: Booktoy Editora, 2017.

DÉMONET, J.; PLANTON, S. Langage et cerveau: vingt ans d' imagerie fonctionnelle. **Revue française de linguistique appliquée**, v. 17, n. 2, p. 9-18, 2012. DOI: https://doi.org/10.3917/rfla.172.0009.

FAYOL, M. **L'acquisition de l'écrit. Que sais-je?** Paris: PUF-Presses Universitaires de France, 2013.

FEDER, K.; MEJNEMER, A. Handwriting development, competency and intervention. **Developmental Medicine & Child Neurology**, n. 49, p. 312–317, 2007.

GOMBERT, J-E. Préface – L'apprentissage de l'écrit: la recherché avance. *In:* MAREC-BRETON, N.; BESSE, A-S.; DE LA HAYE, F.; BONNETON-BOTTÉ, E. (dir.). **L'apprentissage de la langue écrite**. Presses Universitaires de Rennes, 2009. p. 13-17.

GRAHAM, S.; BERNINGER, V.; WEINTRAUB, N.; SCHAFER, W. Development of handwriting speed and legibility in grades 1-9. **Journal of Educational Research**, v. 92, n. 1, p. 42-52, 1998.

LILLARD, P. P. **Método Montessori**: uma introdução para pais e professores. (tradução: Sonia Augusto) Barueri: Manole, 2017.

LONGCAMP, M.; BOUCARD, C.; GILHODES, J-C.; ANTON, J-L.; ROTH, M.; NAZARIAN, B.; VELAY, J. L. Learning through hand - or typewriting influences visual recognition of new graphic shapes: behavioral and functional imaging evidence. **Journal of Cognitive Neuroscience**, v. 20, n. 5, p. 802-815, 2008.

LONGCAMP, M.; ZERBATO-POUDOUB, M-T.; VELAY, J-L. The influence of writing practice on letter recognition in preschool children: A comparison between handwriting and typing. **Acta Psychologica**, v. 119, n. 1, p. 67–79, 2005.

MARQUES, V. C. **Habilidades motoras relacionadas à aquisição da escrita manual em estudantes na fase pós-caligráfica**. Orientador: Clara Regina Brandao de Avila. 2017. 122f. Dissertação (Mestrado) – Escola Paulista de Medicina, Universidade Federal de São Paulo, São Paulo, 2017.

MOUSINHO, R.; ALVES, L. M.; NAVAS, A. L., SALGADO-AZONI, C. A.; CELESTE, L. C.; CAPELLINI, S. A.; AVILA, C.B.; SANTOS, F. H. **Leitura, Escrita e Matemática**: do desenvolvimento aos transtornos específicos da aprendizagem. E-book Instituto ABCD, 2020. Disponível em: https://www.institutoabcd.org.br/ebook--leitura-matematica/. Acesso em: 19 dez. 2020.

PLANTON, S. **Processus centraux et périphériques en production écrite de mots**: études comportementales, en neuroimagerie fonctionnelle et par stimulation magnétique transcrânienne. Neuro-sciences. Universite⊠ Toulouse III - Paul Sabatier, 2014.

ROWE, D. W. Development of writing abilities in childhood. *In:* BAZERMAN, C. **Handbook of research on writing**: Hystory, society, school, individual, text. New York: Lawrence Erlbaum Associates, 2008. p. 401-419. cap. 25.

SCLIAR-CABRAL, L. **Princípios do Sistema Alfabético do Português do Brasil**. São Paulo: Contexto, 2003.

SEMERARO, C.; COPPOLA, G.; CASSIBBA, R.; LUCANGELI, D. Teaching of cursive writing in the first year of primary school: Effect on reading and writing skills. **PLoS ONE**, v. 14, n. 2, e0209978, 2019. DOI: https://doi.org/10.1371/journal.pone.0209978.

VINCI-BOOHER, S.; JAMES, T. W.; JAMES, K. H. Visual-motor functional connectivity in preschool children emerges after handwriting experirence. **Trends in Neuroscience and Education**, v. 5, n. 3, p. 107-120, 2016. DOI: https://doi.org/10.1016/j.tine.2016.07.006.

ZIVIANI, J. Use of modern cursive handwriting and handwriting speed for Children ages 7 to 14 years. **Percept Mot Skills**, v. 82, n. 1, p. 282, 1996.

O PAPEL DO PEDAGOGO NO ENSINO DA ESCRITA MANUAL

Eliane Giachetto Saravali

Camila Fernanda da Silva-Bandeira

Quando falamos em escrita e nos seus sistemas, nos reportamos à história da humanidade. Os primeiros sistemas de escrita foram criados na Mesopotâmia, no final do quarto milênio antes de Cristo. Posteriormente, tivemos no antigo Egito o desenvolvimento dos hieróglifos e, por volta de 1200 a. C., o primeiro alfabeto representando os sons das palavras (Soares, 2020).

A escrita manual, além de se configurar como um significativo recurso que registra as necessidades dos diferentes contextos e a história, também se caracteriza como um sistema complexo de representação, isto é, de leitura e interpretação do mundo. Justamente por ter tão grande relevância para os homens, envolve uma série de aspectos que influenciam grande parte do desenvolvimento do ser humano como, por exemplo, a memória, a atenção, a concentração, entre outros.

Desse ponto de vista, para que seja possível o desenvolvimento pleno da escrita manual é necessário um trabalho que enfoque diferentes habilidades ligadas à tarefa de escrever, desde aspectos psicomotores até aspectos cognitivos (Cardoso, 2018). Nesse trabalho, a fim de que o processo de escrita manual se construa no decorrer do desenvolvimento e da aprendizagem da criança desde pequena e, principalmente, durante a alfabetização, longe de exercícios motores e repetitivos, faz-se imprescindível que o pedagogo adote uma prática que possibilite uma relação efetiva do escolar com essa forma de escrita. Assim, no cotidiano da sala de aula, deverá lançar mão de muitas atividades com o intuito de colaborar com a construção da escrita manual, de modo a aproximar afetivamente a criança desse objeto de conhecimento, motivando-a na utilização dessa maneira de escrever em seu dia a dia e, ao mesmo tempo, possibilitando a compreensão de sua função social.

Logo no início da interação da criança com a escrita, observamos que sua configuração manual exerce um fascínio e curiosidade sobre os pequenos que 'imitam' os movimentos realizados pelos adultos, reproduzindo-os em seus desenhos ou mesmo em contextos de escrita espontânea. Desse modo, acreditamos que o educador exerce um importante papel na construção de uma boa relação entre o aluno e o novo desafio que a escrita manual lhe oferece.

Em virtude do aumento voraz do uso de tecnologias diversas pelas crianças, como os celulares, tablets e computadores, é possível questionarmos a respeito de maneiras de incentivo ao uso da escrita manual, dentro e fora da escola, bem como sua relevância atual. Ocorre que nortear o trabalho do docente junto aos seus alunos no que se refere à aprendizagem e ao uso social da escrita manual é, também, algo necessário no contexto tecnológico que vivemos. Isso é fato, pois na escrita manual estão envolvidos muitos processos que, apesar de diferentes, são igualmente importantes.

A habilidade de escrever manualmente dispõe de diferentes áreas cerebrais com suas distintas e significativas funções. Nessas áreas estão envolvidos processos percepto-motores referentes à percepção visual, à coordenação motora fina e à integração visomotora. Soma-se a isso processos cognitivos como o planejamento cognitivo, a memória de trabalho e os processos linguísticos como a codificação fonológica e ortográfica (Cardoso, 2020).

O traçado de uma escrita caligráfica demanda da criança planejamento, controle de movimentos, força, adequação na forma de segurar e pressão necessária sobre o lápis, além do resgate de informações. Tudo isso de uma forma legível para que o outro, seu leitor, possa compreender (Cardoso, 2020).

Compreendemos, ademais, que o desenvolvimento e o domínio dessa forma de escrever relaciona-se com a construção de noções espaciais e causais, iniciadas numa estruturação sensório-motora, mas amplamente desenvolvidas quando a capacidade de representar torna-se a forma preponderante. A esse respeito, Piaget nos esclarece que a psicogênese da noção de espaço ocorre em dois planos: o perceptivo ou sensório-motor e o representativo (Piaget; Inhelder, 1993).

No entanto, as pesquisas desenvolvidas pela equipe de Piaget sinalizam que a influência dos mecanismos motores e perceptivos não se dá de forma passiva ou submissa ao externo. É por meio de um laborioso processo de construção que haverá progressos na percepção e na motricidade, provenientes das construções espaciais inerentes ao estádio sensório-motor. Tais construções correspondem às coordenações dos diferentes espaços do bebê bucal, tátil, visual que relacionam-se aos movimentos e atividades próprias. Desse modo, as primeiras relações espaciais mais elementares que o bebê estabelece são topológicas, isto é, noções de vizinhança (proximidade dos objetos), separação (diferenciar um elemento de outro), ordem (sequência, simetria), envolvimento (dentro/fora) e continuidade (ligação contínua entre os elementos, espaço único). Simultaneamente, e ainda num nível prático, tem-se início a construção do espaço projetivo, perspectivas e pontos de vistas, e do espaço euclidiano, ângulos e medidas.

> No fim do segundo ano, ao contrário, está concluído um espaço geral que compreende todos os outros, caracterizando as relações dos objetos entre si e os contendo na sua totalidade, inclusive o próprio corpo. Ora, a elaboração do espaço é devida essencialmente à coordenação de movimentos, sentindo-se aqui a estreita relação que une este desenvolvimento ao da inteligência senso-motora (Piaget, 1999, p. 21-22).

Já durante o estádio pré-operatório, trataremos de representação (reapresentação no novo plano) do espaço, ou seja, a capacidade de imaginá-lo, antecipar e reconstituir os deslocamentos possíveis no plano mental e, portanto, de novas elaborações que se apoiarão no conteúdo perceptivo construído anteriormente. Isso significa que o espaço representativo será reconstruído de maneira análoga ao espaço perceptivo, portanto, a partir de intuições elementares como relações topológicas de envolvimento, vizinhança, ordem, separação, entre outros (Piaget; Inhelder, 1993), "[...] as estruturas perceptivas ou sensório-motoras constituem, incialmente, o ponto de partida e, após, a subestrutura de toda a construção representativa do espaço ..." (Piaget; Inhelder, 1993, p. 19).

Compreender tais aspectos referentes à construção das noções espaciais nos traz implicações pedagógicas importantes ao considerarmos a escrita manual, pois os estudos de Piaget e Inhelder (1993) concluem que perceber visualmente uma forma é diferente de ser capaz de representá-la, seja reconhecendo-a entre diversos modelos ou desenhando-a, o que é ainda mais difícil para a criança. Por isso, não poderíamos desvincular o processo da escrita manual dessa construção cognitiva proveniente da ação do sujeito; tampouco desconsideraríamos as questões envolvendo os aspectos motores, ou como acreditava Piaget "todo movimento pode ser concebido como uma transformação do campo perceptivo e todo campo perceptivo como um conjunto de relações determinadas por movimentos" (Piaget; Inhelder, 1993, p. 29).

Dessa forma, compreendemos a escrita manual como atividade importante para o desenvolvimento da criança e pretendemos discutir, no presente capítulo, de que forma o pedagogo contribui com as construções mencionadas anteriormente.

Há, outrossim, nesse contexto de valorização dessa forma de escrita, aspectos envolvendo dificuldades no processo e que merecem atenção especial do pedagogo. As principais características de crianças que possuem uma escrita não proficiente estão relacionadas com dificuldades quanto à formação e sequenciamento das letras, maior pressão exercida no papel, maior variabilidade no tamanho das letras, alinhamento ruim, organização espacial inadequada, maior tempo do lápis/caneta no ar, mais pausa durante os traçados das letras, o que interfere na velocidade de escrita tornando-a mais lenta (Cardoso, 2018).

Questões relacionadas a dificuldades no processo de apropriação da escrita manual podem compor um quadro de Disgrafia, caracterizado por um prejuízo motor. Ou seja, temos um transtorno motor compreendido como a dificuldade em realizar os traçados gráficos necessários ao processo de escrever (Bossa, 2014).

Nesse sentido, consideramos que é necessário ao pedagogo realizar intervenções propícias para o desenvolvimento dessa habilidade e que podem impactar a vida da criança de forma preventiva ou remediativa. Dentre os impactos mais sérios, e que merecem nossa atenção enquanto professores, estão os prejuízos acadêmicos, os psicológicos, os que interferem na autoestima e aqueles preditores das dificuldades de aprendizagem (Cardoso, 2018).

Infelizmente, a valorização da escrita manual pode ser compreendida e associada a um processo de alfabetização que se relacione pouco com os contextos das crianças, privilegiando questões mecânicas e sem significado. A necessidade do trabalho com a escrita manual pode se constituir, de forma equivocada para muitos, na obrigação de antecipação da alfabetização em que treinos sejam priorizados, sem que as características do desenvolvimento das crianças sejam respeitadas. São essas questões que pretendemos abordar a seguir.

CONTEXTOS DE DESENVOLVIMENTO DA ESCRITA MANUAL NA EDUCAÇÃO INFANTIL

A Base Nacional Comum Curricular (Brasil, 2017) reconhece, desde o trabalho com os bebês de zero a um ano e seis meses, a importância de trabalhar a coordenação motora fina e a percepção visomotora, habilidades que, mais tarde, se tornam indispensáveis ao desenvolvimento da escrita manual. Dessa perspectiva, para os bebês, a exploração e o uso de diferentes objetos e materiais é uma forma de ampliar tais noções. Verificamos uma atenção ao desenvolvimento dessas importantes habilidades, principalmente, no Campo de Experiência denominado Corpo, Gestos e Movimentos (Brasil, 2017).

Dessa forma, os contextos institucionais desse momento do desenvolvimento, ou seja, as creches, devem priorizar a oportunidade do bebê vivenciar diferentes experiências para a coordenação de seus espaços corporais e o meio ambiente. Isso significa poder deslocar-se, engatinhar, apoiar-se, entrar e sair de diferentes espaços, sentir texturas diferentes, manipular objetos feitos de diferentes matérias: madeira, tecido, alumínio etc., realizar encaixes, produzir e reproduzir sons, dentre tantas outras ações que devem compor o planejamento diário do educador, para além daquelas que se referem aos cuidados com a higiene, alimentação e repouso. À medida em que crescem e permanecem sentados, os bebês podem ter a oportunidade de transformações de seus esquemas motores iniciais, atuando e explorando sobre materiais simples mas que provocam desequilíbrios e/ou geram grande prazer em ser executados ou repetidos. Alguns exemplos podem ser encontrados na Figura 1, como a exploração de interruptores, torneiras, pincéis, o ato de rosquear e desrosquear tampas, encaixar elásticos e o movimento de uma bolinha por diferentes 'túneis'.

Figura 1 – Materiais

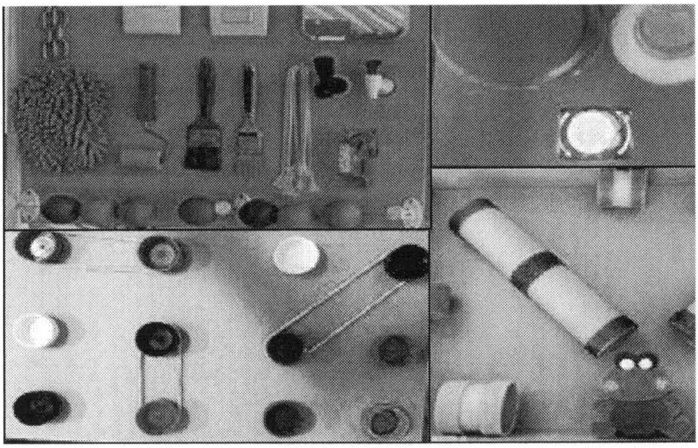

Fonte: Elaborados pelas pedagogas Edneia Félix de Matos e Camila Alegretti Damasceno em cursos de formação de professores.

Com as crianças bem pequenas, de um ano e sete meses a três anos e onze meses, o documento defende a continuidade do trabalho com o movimento físico e as habilidades manuais, indicando a necessidade de que aprendam a medir sua força, consigam adequar os movimentos de seus dedos e exercitem sequências e padrões de movimentos em forma de desafios. Assim é que experenciar consistências diversas, encaixar e segurar objetos de tamanhos e formatos diferentes (caixas, latas, potes), argolas, canos, trabalhar com massinha, papéis, diferentes canetas e giz de cera, tintas, pincéis, manipular e explorar os alimentos são ações a serem desenvolvidas semanalmente nos contextos institucionais. Dessa forma, privilegia-se maneiras em que a criança tenha a oportunidade de aprimorar gradativamente a coordenação visomotora fina, utilizando, também, o movimento de preensão em pinça nas diferentes situações.

Com as crianças da pré-escola, entre quatro e cinco anos, é preciso fortalecer as ações listadas anteriormente, ampliando as atividades simultâneas que podem ser escolhidas pelos alunos, de tal forma que o aspecto afetivo, relacionado ao interesse e à motivação, seja respeitado.

Compreender as possibilidades de desenvolvimento motor na pré-escola como exclusividade daquelas desenvolvidas com lápis e papel sulfite é um grande equívoco. Ainda, compreender que os trabalhos envolvendo a escrita manual devem privilegiar o traçado de letras, sem que o aluno tenha a oportunidade de atribuir sentido àquilo que escreve, e que esse deve ser o escopo das intervenções realizadas na pré-escola é, igualmente, outro grande erro. Atividades de contornos de pontilhados e preenchimento de letras, cópias descontextualizadas, pinturas de desenhos prontos e estereotipados, assim como o predomínio da realização de atividades na folha sulfite retangular-paisagem são exemplos de ações que não respeitam as necessidades das crianças.

Algumas propostas, ainda que não trabalhem diretamente com o ato de escrever manualmente, devem ser amplamente exploradas e priorizadas, pois interferem positivamente no desenvolvimento da escrita manual.

Portanto, determinadas ações são tão importantes quanto aquilo que se faz numa folha sulfite como, por exemplo, brincar no tanque de areia e aprender a dosar a quantidade de areia e sua consistência para os bolos e as diferentes formas que se quer construir, de igual modo, realizar diferentes ações com a massinha de modelar como equilibrar quantidades numa balança, construir um cenário, reproduzir uma história promovem um esforço de adaptação na criança. Ainda, jogos de montar com peças grandes e pequenas, jogos de equilíbrio, quebra-cabeças com peças pequenas e maiores, iô-iôs, bilboquês, atividades com pregadores, pinças, alinhavos, dobraduras, recortes a dedo e recortes com tesoura, transvasar líquidos, entre outros, precisam fazer parte do cotidiano da criança. As atividades devem exercitar, por exemplo, o movimento de pinça e fortalecer a musculatura da mão e dos dedos. Além disso, é importante oferecer um rol de possibilidades de experimentação com ampla variação de texturas, tamanhos, formas, planos a fim de promover desequilíbrios que solicitem as modificações dos esquemas construídos, bem como as combinações entre eles, por exemplo, molhar e pintar, pingar e espalhar, dobrar e posicionar, amassar e dar forma.

Desenho, pintura, recorte e colagem são atividades facilmente associadas ao trabalho de um professor nessa faixa etária e constituem-se em momentos importantes em que o espaço pode ser representado pela criança. Todavia, observamos que muitos equívocos ainda são cometidos pelos professores.

O desenho e a pintura, como defendemos (Saravali *et al.*, 2016), não se limita à reprodução de modelos prontos, estereotipados e sem sentido para a criança, modelos estes que lhes apresentam praticamente sempre o mesmo tipo de desafio. Ao contrário, o que propomos são contextos de criação de desenhos e de exploração da pintura a partir de propostas dinâmicas em que a criança é ativa no processo de desenhar e pintar, e tem condições efetivas de desenvolver, gradativamente, a noção espacial ao mesmo tempo em que exercita a coordenação motora, a atenção e a concentração.

Por isso, o desenho e a pintura são atividades a serem escolhidas e realizadas conforme o ritmo de cada um e a partir da exploração de diferentes riscantes e suportes como, por exemplo, a terra, o carvão, o lápis, o giz, o giz de lousa e o pastel, o guache, a anilina, a aquarela, o pincel, o cotonete, o rolinho, as esponjas, a cola colorida e o papel que está no chão, no cavalete e possui diferentes tamanhos, formas e texturas; assim como desenhos podem ser feitos em paredes destinadas a isso, madeiras, vidros. Cada ação diferenciada gera um desequilíbrio: como obter essa cor? Como lidar com essa tinta que está mais líquida? Como desenhar o que quero nessa folha redonda? Como fazer o traço nessa superfície? E como se trata de uma atividade escolhida pela criança, a mesma lançará mão de inúmeros recursos próprios para vencer os desafios propostos.

Não raro observamos que as atividades envolvendo o desenho, a pintura, o recorte e a colagem passam por aquilo que denominamos crivo adulto do professor, que julga a beleza em função de seus padrões pré-estabelecidos e avalia o apresentável a partir do seu olhar sobre o que seja uma pintura adequada, uma colagem com ou sem excessos, um desenho bonito etc. Quando isso acontece, observamos que o adulto faz praticamente todo o trabalho pela criança que se vê privada de aprender a colar, recortar, pintar com todos os percalços inerentes a qualquer processo de aprendizagem. Ora é sempre bom ressaltar, para aqueles que ainda não compreenderam, que é a criança que deve atuar sobre esses materiais e construir esquemas de ação para seu uso. Como aprender a recortar se o material vem recortado? Como aprender a dosar a cola, se é o adulto que pinga o líquido para a criança apenas espalhar?

Assim, a partir de projetos e assuntos que componham o cotidiano e interesses da turma, o aluno deve ter a oportunidade, por exemplo, de trabalhar com a cola líquida e em bastão, com a tesoura, podendo ser desafiado a inúmeras propostas com revistas, papéis e retalhos de diferentes formatos, tamanhos, cores e texturas, botões, linhas, palitos diversos, retalhos de tecidos, figuras geométricas com cores, tamanhos e formas diferentes recortadas em papel, garfinhos, prendedores, isopor, papel de bala, lantejoulas, glitter, lã, linha, barbante, etc.

E, se almejamos que essas ações possam interferir positivamente nos processos de desenvolvimento infantil, é sempre bom reforçar que os desafios devem ser cotidianos e não esporádicos.

Como já sinalizado anteriormente, a escrita manual será igualmente favorecida à medida que as noções espaciais também o forem. Algumas ações específicas também podem ser desenvolvidas na pré-escola (Assis & Assis, 1999), entre elas, formar figuras diferentes com palitos de sorvete, construir colares ou pulseiras sequenciando miçangas, organizar sequência de roupinhas em varais, fazer e desfazer diferentes tipos de nós, reconhecer objetos e formas geométricas pelo tato, bem como copiar formas desenhadas em cartões, como as dos exemplos da Figura 2.

Figura 2 – Formas Geométricas diversas para serem representadas pelas crianças por meio de desenho

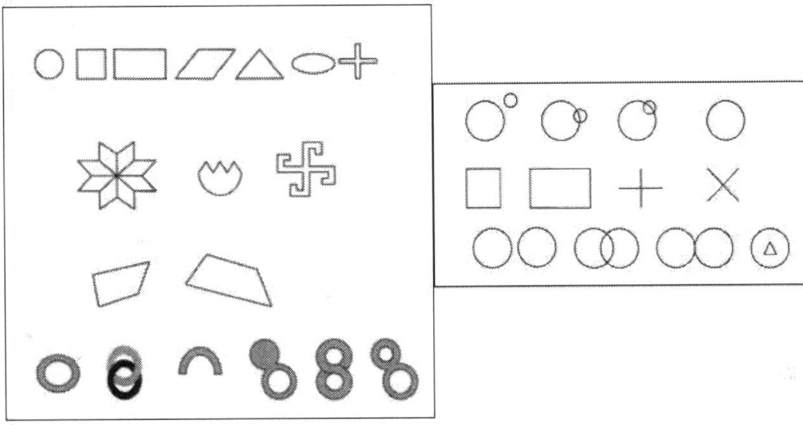

Fonte: Recuperado de Assis e Assis (1999).

CONTEXTOS DE DESENVOLVIMENTO DA ESCRITA MANUAL NO ENSINO FUNDAMENTAL I

Antes mesmo de pensarmos nas ações que contribuirão com a escrita manual nesse momento da escolarização, é indispensável refletirmos sobre quem é essa criança matriculada no primeiro ano do Ensino Fundamental, quais suas características e necessidades? A resposta nos permite compreender que não falamos de uma criança tão diferente daquela da Educação Infantil, fato ainda mais proeminente com a lei do ensino de 9 anos (Brasil, 2006).

É, portanto, imprescindível compreender que este aluno continua tendo necessidade de brincar, de experimentar, de explorar o mundo a sua volta e interagir com seus pares. Assim sendo, ainda que seja esperado que nesse momento da escolarização haja formalização de processos ligados à alfabetização, isto é, à aprendizagem da leitura e escrita, é basilar que possamos considerar o que caracteriza o desenvolvimento cognitivo, físico, afetivo e social desta criança. As atividades realizadas anteriormente na Educação Infantil não podem ser excluídas das práticas do Ensino Fundamental e necessitam compor o planejamento do pedagogo ao menos semanalmente.

Duas atividades que podemos destacar aqui e que são mais associadas à Educação Infantil são aquelas envolvendo massa de modelar e o jogo simbólico (Piaget; Inhelder, 1995). Elas não devem deixar de ocorrer nos primeiros anos do Ensino Fundamental, vejamos as razões.

O trabalho com massa de modelar não deve ser visto como um passatempo ou uma premiação que os alunos recebem ao final do dia, levando suas massinhas para casa. É necessário que ele seja, portanto, contextualizado e direcionado a desenvolver a motricidade, uma vez que no ato de brincar com a massinha, a criança mobiliza habilidades muito importantes que interferem diretamente na tarefa de escrita, na fase de alfabetização. As experiências com a massa de modelar podem garantir um grande engajamento físico e mental. A construção do senso de orientação espacial e a concentração ao realizar os movimentos, são incentivados pelo ato de brincar de massinha, aspectos que interferem, por exemplo, na noção de respeito à linha do caderno e ao tamanho da letra a ser grafada na folha (Cardoso, 2018).

Brincando de massinha, a criança desenvolve seus sentidos, sobretudo o tato, estritamente ligado à coordenação motora fina, além de descobrir cores, texturas, formas e movimentos. A criança exercita intensamente movimentos como segurar, apertar, separar, modelar, construir, reconstruir, movimentos imprescindíveis para que aprenda a escrever. Ao mesmo tempo, acontece o fortalecimento muscular das mãos, dos tendões e dos dedos, de extrema relevância para a criança adquirir firmeza e equilíbrio para segurar os diferentes riscantes (lápis, giz de cera e caneta, por exemplo) utilizando a devida preensão, isto é, a forma correta de segurar e colocando a devida pressão, força adequada.

Soma-se a isso, o fato de que é a criatividade do professor e a capacidade de visualizar diferentes propostas no momento do trabalho com a massinha, inserindo-as nos projetos e temas desenvolvidos com a turma, que farão a diferença naquilo que a criança poderá desenvolver. Assim, da mesma forma como mencionamos no tópico referente à Educação Infantil, ter que pesar, equilibrar, produzir algum personagem, cenário, ou histórias com a massinha geram desequilíbrios e necessidades de organizações internas e adaptativas. É isso que a transforma num importante recurso.

Em relação ao jogo simbólico, também denominado como brincadeira de faz de conta, é muito raro observarmos que crianças do Ensino Fundamental tenham esses momentos na rotina escolar (Tattaro, 2019). Além da necessidade desse momento para o equilíbrio afetivo da criança (Piaget; Inhelder, 1995), poder brincar livremente com brinquedos variados é útil para a construção e combinação de diferentes esquemas motores, por exemplo, ao vestir e despir uma boneca, encaixar rodas num carrinho, construir uma ponte com blocos, entre tantas outras possibilidades que podem surgir. Ainda, a brincadeira de faz de conta favorece a reorganização das estruturas sensório-motoras de espaço, tempo e causalidade no plano da representação (Affonso, 1998).

Chamamos a atenção igualmente para a necessidade de que sejam apresentados modelos de escrita manual aos escolares em fase de alfabetização. Mais do que copiar os registros da lousa é muito importante que a criança tenha referências de escritas para seguir em seus próprios registros.

Assim, indicamos o uso de cartazes e cartões com o traçado de todas as letras do alfabeto em diferentes grafias (letra maiúscula e minúscula de imprensa e cursiva), oferecendo pistas sensoriais aos educandos. Essa apresentação adquire um significado maior quando os modelos de grafia manual são oferecidos por meio de jogos, nos quais a criança deverá reunir peças em que uma mesma palavra está grafada de maneiras diferentes, por exemplo, a palavra 'escola' grafada num dominó de três maneiras distintas, sendo maiúscula e minúscula de imprensa e cursiva.

Ainda, os alunos podem ser convidados a se arriscarem nesses diferentes traçados numa tábua com areia, de maneira livre, e depois no papel de forma que o estabelecimento de um bom vínculo com essa atividade e a tranquilidade necessária para o início do processo sejam garantidos.

Em grande parte das situações e atividades desenvolvidas no contexto escolar, observamos o foco apenas no produto final da escrita manual, isto é, o registro 'bonito' das letras e, simultaneamente, uma velocidade adequada para esse registro, em detrimento da necessidade de que os alunos reflitam sobre o que escrevem e a importância dessa escrita em sua vida. Exercícios repetitivos de cópia e traçado de letras, folhas e linhas a serem completadas e preenchidas, escrita de longos textos a mão, bem como o famoso e muito utilizado caderno de caligrafia lideram a lista dos treinos que envolvem a escrita manual. Assim sendo, nossas crianças raras vezes estabelecem com a escrita manual uma relação prazerosa, pois as tarefas em que se deparam com o ato de escrever são, por vezes, cansativas e pouco estimulantes. Não raro, observamos que a cópia de textos é utilizada pelos docentes como uma punição para comportamentos inadequados dos alunos. Essa é uma prática absolutamente incoerente e equivocada; se o que se almeja é a formação de uma pessoa que escreva, se aproprie das formas de escrita e veja nisso uma utilidade e necessidade, usá-la como sofrimento tende a provocar o efeito exatamente oposto.

Ao longo de todo esse processo, descrito desde a Educação Infantil, os educadores devem estar atentos a dificuldades permanentes que acompanhem o aluno. No entanto, compreendemos que é necessário, primeiramente, garantir que o tipo de troca descrito aqui seja oportunizado. O trabalho envolvendo as estruturas espaciais, quando acompanhado de atividades que visem ao processo de tomada de consciência (Piaget, 1977) pode favorecer a reflexão da criança que inicia sua escrita sobre posições e detalhes das letras. Pereira (2020) aborda essa questão mostrando que a percepção e as habilidades motoras são importantes, mas que não devemos nos esquecer que se trata de uma representação espacial, o que implicará em novas construções. Uma atividade interessante é o trabalho com letras concretas em emborrachado ou madeira que podem ser colocadas pelas crianças em frente a espelhos, de tal forma que elas possam observar diferentes posições que as letras assumem nos reflexos, comparando com aquelas encontradas nos cartazes da sala, na escrita do próprio nome ou num livro. Pode-se também organizar brincadeiras com sombras, em que as letras sejam projetadas de diferentes maneiras para que as crianças possam pensar e relacionar o que veem.

À medida que as crianças avançam no Ensino Fundamental, os jogos de regras passam a ser mais interessantes que o faz de conta, e necessitam fazer parte do planejamento do professor. Neles, muitas questões podem ser trabalhadas, a própria coordenação motora ao se encaixar ou equilibrar uma peça, a coordenação das relações espaciais como observamos em jogos clássicos vendidos comercialmente – Lig 4, Othello, Jogo da Velha 3D, Jogo Russo, entre outros[1]. Também, muitos jogos podem ser escolhidos e confeccionados para o desenvolvimento das habilidades perceptivas visuais. A Figura 3 mostra algumas peças de um jogo da memória com detalhes, feito a partir de retalhos de tecidos, que desequilibram as crianças no sentido exposto.

---

1 Jogos comerciais.

Figura 3 – Pares de Jogo da Memória feito com retalhos de tecidos

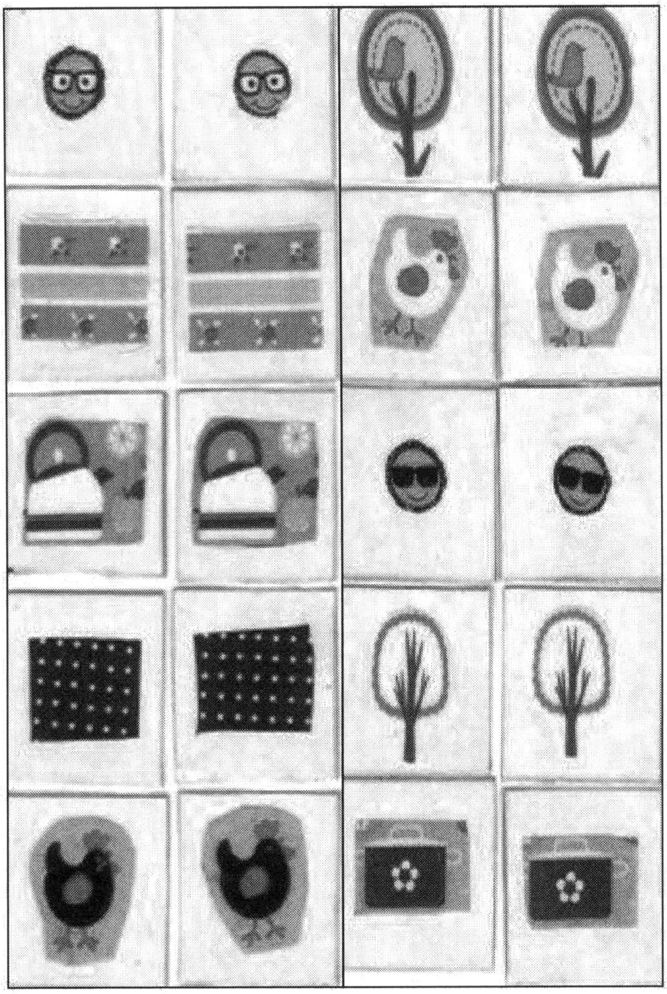

Fonte: Elaborado pela autora.

Finalmente, mas não menos importante e vinculado aos contextos de Educação Infantil e Ensino Fundamental, é sempre bom lembrar que o trabalho com a coordenação motora extrapola os limites da sala de aula e deve estar presente nas vivências diárias das crianças no parque, no tanque de areia e no pátio da instituição escolar. Portanto, é fundamental que o professor compreenda a importância das atividades psicomotoras e insira tais propostas em sua rotina diária e não somente alguns dias da semana, quinzenal ou mensalmente, como uma sequência didática ou projeto esporádico. Isso, necessariamente, significa que as crianças não devem ser silenciadas, enfileiradas e enquadradas em carteiras desconfortáveis das quais saem para insuficientes 30 minutos de intervalo, mas que lhe sejam garantidos tempos e espaços de balançar, escorregar, correr, subir, descer, dançar, saltar, rolar, arrastar, etc.

CONSIDERAÇÕES FINAIS

As atividades de intervenção aqui sugeridas são apenas inspirações dentre as muitas que podem ser realizadas com as crianças da Educação Infantil e Ensino Fundamental com o objetivo de um melhor desenvolvimento da escrita manual.

Para que o pedagogo seja capaz de elaborar tais atividades interventivas, coerentes com o desenvolvimento da criança, é imprescindível ter conhecimento teórico de como funcionam os processos cognitivos relacionados à escrita manual e, através disso, refletir sobre as melhores propostas pedagógicas para impulsionar a aprendizagem proficiente dessa escrita ao mesmo tempo em que realiza um trabalho preventivo dos problemas relacionados ao ato de escrever à mão e que podem vir a surgir em qualquer momento da escolarização.

A elaboração de propostas de intervenção adequadas perpassa pela oferta dos materiais, a exploração dos mesmos pelas crianças, as reflexões e relações que fazem a partir de tais explorações (continuamente solicitadas pelos professores) e o respeito às suas construções; de forma que a elas sejam oferecidas oportunidades de desafios e avanços, sem que seus modos individuais de agir sejam desconsiderados.

Portanto, como dissemos anteriormente, antecipações do que é visto como inerente à uma prática preparatória para a alfabetização, para a qual se atribui aos alunos a necessidade de permanecerem longo tempo sentados com atividades somente num formato de papel, numa única posição e de apenas uma textura, caracterizadas basicamente como cópias de letras, frases e textos sem significados para os discentes, não contribuem para o desenvolvimento adequado da escrita manual, tampouco para o processo de alfabetização de maneira geral.

REFERÊNCIAS

AFFONSO, R. **Ludodiagnóstico**: a teoria de J. Piaget em entrevistas lúdicas para o diagnóstico infantil. Taubaté: Cabral, 1998.

ASSIS, O.; ASSIS, M. **PROEPRE**: prática pedagógica. Campinas: LPG, 1999.

BRASIL. Lei n.º 11.274 de 06 de fevereiro de 2006. Altera a redação dos arts. 29, 30, 32 e 87 da Lei nº 9.394, de 20 de dezembro de 1996, que estabelece as diretrizes e bases da educação nacional, dispondo sobre a duração de 9 (nove) anos para o ensino fundamental, com matrícula obrigatória a partir dos 6 (seis) anos de idade. **Diário Oficial da União**: seção 1, Brasília, DF, p. 1, 07 fev. 2006.

BRASIL. Ministério da Educação. **Base Nacional Comum Curricular**. Brasília, 2017.

BOSSA, N. A. **Disgrafia [DVD]**. Brasil: Atta Mídia, 2014.

Cardoso, M. H. **Análise da escrita manual de escolares do Ensino Fundamental: elaboração de um protocolo de avaliação educacional**. Orientador: Simone Aparecida Capellini. 2018. 114 f. Tese (Doutorado em Educação) – Programa de Pós-graduação em Educação da Faculdade de Filosofia e Ciências, Universidade Estadual Paulista, Marília, 2018.

PEREIRA, R. R. **A educação física escolar e a construção da noção de espaço: um estudo piagetiano**. Orientador: Orly Zucatto Mantovani de Assis. 2020. 199 f. Dissertação (Mestrado em Educação) – Faculdade de Educação, Universidade Estadual de Campinas, Campinas, 2020.

PIAGET, J. **Seis estudos de Psicologia**. Rio de Janeiro: Forense Universitária, 1999. (Obra original publicada em 1967).

PIAGET, J. **A tomada de consciência**. São Paulo: Melhoramentos, 1977. (Obra original publicada em 1974).

PIAGET, J.; INHELDER, B. **A representação do espaço na criança**. Porto Alegre: Artes Médicas, 1993. (Obra original publicada em 1948).

PIAGET, J.; INHELDER, B. **A psicologia da criança**. Rio de Janeiro: Bertrand, 1995. (Obra original publicada em 1966).

SARAVALI, E.; ALVES, S.; MANO, A.; GUIMARÃES. T. Adivinha o que eu fiz aqui!" - reflexões sobre a prática do desenho na educação infantil. *In:* CONGRESSO NACIONAL DE FORMAÇÃO DE PROFESSORES,3., 2016, São Paulo. **Anais [...]**. São Paulo, Águas de Lindóia, São Paulo, 2016.

SOARES, M. **Alfaletrar**: toda criança pode aprender a ler e a escrever. São Paulo: Contexto, 2020.

TATTARO, A. C. **Quando e onde se brinca no primeiro ano? Um estudo sobre o jogo simbólico no ensino fundamental de uma escola de tempo integral**. Orientador: Eliane Giachetto Saravali. 2019. 128f. Dissertação (Mestrado em Educação) – Faculdade de Filosofia e Ciências, Universidade Estadual Paulista, Marília, São Paulo, 2019.

HABILIDADES PERCEPTO-VISIMOTORA DE ESCOLARES DO ENSINO FUNDAMENTAL I

Natasha Cinti de Sa

Giseli Donadon Germano

Noemi Del Bianco

Ilaria D'Angelo

Catia Giaconi

Simone Aparecida Capellini

INTRODUÇÃO

A percepção visual consiste em uma função cognitiva pela qual as informações sobre o nosso ambiente visual são disponibilizadas em nossa consciência e/ou disponibilizadas para orientar nossas ações. Essa percepção favorece a construção da experiência e da consciência do mundo visual, a partir da atenção, orientando as ações motoras (Milner, 2008; Shams, 2010). Para que a percepção visual seja adequada, tanto as funções quanto as estruturas corticais devem estar intactas (Qiu *et al.*, 2007; Wardak, 2011).

Para Feder e Majnemer (2007), a percepção visual requer a interação entre a atenção voluntária e a capacidade de programação e reprogramação dos órgãos que irão realizar a atividade motora. Desse modo, a eficácia da velocidade da programação ocorre à medida em que as informações tátil-perceptivas se ajustam às informações visuais em decorrência da integridade de estruturas corticais (Milner, 2008; Qiu *et al.*, 2007; Loh, 2011; Okuda *et al.*, 2011) A habilidade de coordenação óculo manual capacita o escolar a utilizar a visão e as mãos de modo simultâneo, tendo como finalidade a escrita (Fonseca, 2009).

Rosa Neto (2002) descreveu a integração visomotora como uma habilidade de interação harmoniosa entre olhos e mãos, que envolvem a coordenação motora e a percepção visual. Quando alteradas, as habilidades percepto-visuais podem acarretar um impacto negativo no desempenho da leitura, ortografia, matemática, atividades da vida diária e participação em brincadeiras (Brown, 2006; Stenico, 2013). Tendo em vista que, as dificuldades no controle e coordenação de movimentos podem ter impacto sobre a capacidade de aprendizagem e até mesmo interferir no sucesso da criança na escola (Goyen, 2011; Smits-Engelsman, 2001; Cardoso, 2017).

Por estas habilidades percepto-visomotoras estarem diretamente relacionadas ao domínio da leitura e da escrita (Feder, 2007; Smits-Engelsman, 2001; Pereira; Espindola, 2015; Germano, 2019), é importante pesquisas com dados de normativos de desempenho típico para futuras investigações de alterações em habilidades percepto-visomotoras em escolares que apresentam dificuldades de aprendizagem.

OBJETIVO

O objetivo deste capítulo é caracterizar o desempenho nas habilidades percepto-visomotoras de escolares com bom desempenho acadêmico do Ensino Fundamental I.

MATERIAL E MÉTODO

Este estudo foi aprovado pelo Comitê de Ética em Pesquisa, sob o número CAAE 40514615.8.0000.5406 da Faculdade de Filosofia e Ciências da Universidade Estadual Paulista "Júlio de Mesquita Filho" - FFC/UNESP, Marília, São Paulo.

Participaram deste estudo 85 escolares, na faixa etária de 7 anos e 2 meses a 11 anos e 4 meses, de ambos os sexos, que frequentaram do 2.º ao 5.º ano do Ensino Fundamental I.

Após a indicação dos professores, os escolares com bom desempenho acadêmico foram submetidos à aplicação do Teste do Desempenho Escolar (TDE) e apenas 40 escolares foram incluídos neste estudo, pois apresentaram desempenho médio e superior em todos os subtestes do TDE.

Sendo assim, os grupos de escolares do Ensino Fundamental I com bom desempenho acadêmico foram divididos em quatro grupos, sendo:

Grupo I (GI): composto por 10 escolares do 2.º ano;

Grupo II (GII): composto por 10 escolares do 3.º ano;

Grupo III (GIII): composto por 10 escolares do 4.º ano e;

Grupo IV (GIV): composto por 10 escolares do 5.º ano.

Todos os escolares dos quatro grupos foram submetidos ao Teste de Desenvolvimento da Percepção Visual III - DTVP III (Hammill, 2014). Este teste consiste em uma bateria de cinco subtestes: coordenação olho-mão, cópia, figura-fundo, closura visual e constância de forma. Todos os subtestes medem um tipo de capacidade de recepção visual e podem ser considerados como subtestes de motricidade reduzida (figura-fundo, closura visual e constância de forma), percepção visual geral (cópia, coordenação olho-mão, figura-fundo, closura visual, e constância da forma), e integração visomotora (cópia e coordenação olho-mão).

A pontuação foi realizada em escore padrão e escore composto. O escore composto é formado pela Percepção Visual Geral (PVG) composta pelos subtestes de cópia, de coordenação olho-mão, de figura-fundo, de closura visual e de constância da forma; a Percepção de Motricidade Reduzida (PMR) composta pelos subtestes de figura-fundo, de closura visual e de constância de forma) e pela Integração Visomotora (IVM) composta pelos subtestes de cópia e de coordenação olho-mão.

Os escolares foram classificados em relação aos escores compostos, sendo "muito pobre" (1), "pobre" (2), "abaixo da média" (3), "média" (4), "acima da média" (5), "superior" (6) e "muito superior" (7).

Os subtestes foram aplicados nos quatro grupos de escolares na seguinte ordem: (1) Coordenação Visomotora; (2) Cópia; (3) Figura-Fundo; (4) Closura Visual; (5) Constância de Forma. Todos os subtestes foram aplicados individualmente, em um ambiente livre de distrações, bem ventilado, bem iluminado, silencioso e confortável.

RESULTADOS

Os dados obtidos foram analisados estatisticamente a fim de ser comparados os resultados intragrupos. Foi utilizado o programa IBM SPSS (*Statistical Package for Social Sciences*), em sua versão 23.0, para a análise dos resultados e o *Teste de Kruskal-Wallis* no nível de significância de 5% (0,050), indicados com asterisco nas tabelas referentes aos resultados.

A Tabela 1 apresenta a média, desvio padrão e valor de *p* para os grupos, sendo verificado diferença significante para os subtestes de coordenação olho mão, cópia, figura-fundo, constância de forma, classificação cópia, classificação figura-fundo, integração visomotora e percepção visual geral.

Tabela 1 – Distribuição dos valores da média, desvio-padrão e valor de *p* referente ao desempenho dos escolares do GI, GII, GIII e GIV

Subtestes	Grupo	Média	Desvio-padrão	Valor de P
COM	I	162,30	20,10	0,009*
	II	193,40	22,39	
	III	186,70	3,53	
	IV	179,40	10,56	
	Total	180,45	19,37	
CO	I	28,30	3,53	0,001*
	II	36,70	5,06	
	III	37,10	4,56	
	IV	36,60	2,32	
	Total	34,68	5,36	
FF	I	30,30	7,06	0,004*
	II	51,80	15,78	
	III	50,90	12,67	
	IV	47,80	13,01	
	Total	45,20	14,94	
CV	I	15,40	4,77	0,129
	II	16,30	6,15	
	III	20,60	5,17	
	IV	19,00	5,06	
	Total	17,83	5,52	
CF	I	30,10	7,11	0,016*
	II	32,70	8,83	
	III	39,30	6,99	
	IV	39,10	6,19	
	Total	35,30	8,14	

CL_COM	I	3,60	0,97	0,101
	II	5,00	1,33	
	III	4,40	0,84	
	IV	4,70	1,42	
	Total	4,43	1,24	
CL_CO	I	4,40	0,70	0,028*
	II	5,60	1,08	
	III	5,50	1,18	
	IV	4,90	0,74	
	Total	5,10	1,03	
CL_FF	I	2,70	0,68	0,035*
	II	4,70	2,00	
	III	4,30	1,64	
	IV	3,90	1,52	
	Total	3,90	1,66	
CL_CV	I	4,50	1,18	0,601
	II	4,50	1,78	
	III	5,40	1,58	
	IV	4,70	1,64	
	Total	4,78	1,54	
CL_CF	I	3,50	0,97	0,215
	II	4,00	1,33	
	III	4,30	1,06	
	IV	4,00	0,47	
	Total	3,95	1,01	
IVM	I	3,80	1,03	0,001*
	II	6,10	1,10	
	III	5,60	1,17	
	IV	4,90	0,99	
	Total	5,10	1,36	
PMR	I	3,30	0,95	0,052
	II	4,30	1,95	
	III	5,00	1,56	
	IV	4,60	0,84	
	Total	4,30	1,49	

PVG	I	3,70	0,48	0,004*
	II	5,40	1,58	
	III	5,60	0,97	
	IV	4,90	1,10	
	Total	4,90	1,30	

Fonte: Elaborado pelas autoras.

Legenda: COM: coordenação olho-mão; CO: cópia; FF: figura-fundo; CV: closura-visual; CF: constância de forma; CL_COM: classificação coordenação olho-mão; CL_CO: classificação cópia; CL_FF: classificação figura-fundo; CL_CV: classificação closura visual; CL_CF: classificação constância de forma; IVM: integração visomotora; PMR: percepção de motricidade reduzida; PVG: percepção visual geral.

A Tabela 2 apresenta as comparações entre os grupos que apresentaram diferenças estatísticas indicadas na Tabela 1. Nesta tabela foi verificada diferença entre os grupos GII e GIII, GII e GIV em relação à coordenação olho-mão, com menor desempenho para GII; entre GII e GIII, GII e GIV, GII e GIV para cópia; entre GII e GIV, GII e GIV para figura e fundo; entre GII e GIII para classificação da cópia; GII e GIII, GII e GIV para percepção visual geral; GII e GIV, GII e GIV para integração visomotora e percepção visual geral, sugerindo uma progressão na aquisição das habilidades visomotoras a partir do 3.º ano (GIII).

Tabela 2 – Comparação das habilidades percepto-visomotoras de acordo com o ano escolar

Subtestes	Grupos					
	I x II	I x III	I x IV	II x III	II x IV	III x IV
COM	0,007*	0,005*	0,053	0,790	0,240	0,094
CO	0,001*	0,001*	< 0,001*	0,761	0,469	0,939
FF	0,009	0,001*	0,006*	0,970	0,519	0,496
CF	0,650	0,011	0,011	0,064	0,058	0,596
CL_CO	0,008*	0,022	0,106	0,809	0,143	0,262
CL_FF	0,017	0,016	0,045	0,515	0,250	0,616
PVG	0,001*	0,003*	0,017	0,322	0,025	0,168

Fonte: Elaborado pelas autoras.

Legenda: COM: coordenação olho-mão; CO: cópia; FF: figura-fundo; CF: constância de forma; CL_CO: classificação cópia; CL_FF: classificação figura-fundo; PVG: percepção visual geral; IVM: integração visomotora.

DISCUSSÃO

De um modo geral, a aprendizagem da leitura e escrita é um processo complexo e difícil para crianças em fase inicial de alfabetização, pois, engloba tanto fatores biológicos quanto sociais e exige habilidades cognitivas, linguísticas e motoras (Capellini, 2008; Pelitero 2010).

A percepção visomotora é composta por funções com componentes visuais (figura-fundo, closura visual e constância de forma) e por funções com componentes motores integrados (coordenação olho-mão e cópia), necessárias para a aquisição de habilidades acadêmicas como a leitura e a escrita e atividades de vida diária. Logo a função percepto-visomotora é o resultado da combinação das habilidades visomotoras, planificação motora e cognitiva, com as habilidades perceptuais visuais como a coordenação olho-mão, figura-fundo e constância de forma (Ratzon *et al.*, 2009; Brown, 2008).

Com base nos achados deste estudo, podemos inferir que as habilidades percepto-visomotoras de escolares com bom desempenho acadêmico podem ter sido essenciais para a aprendizagem da leitura e escrita, principalmente pela maturação cortical para as habilidades de integração visomotora (coordenação olho-mão e cópia), que ocorre entre os 8 e 9 anos, desta forma, é esperado que os alunos do 3.º ano tenham um desempenho melhor nestas habilidades quando comparado aos escolares do 2.º ano.

Já para as habilidades de percepção de motricidade reduzida, como figura – fundo, closura visual e constância de forma é esperado que os escolares do 4.º ano apresentem um desempenho melhor comparado aos escolares do 2.º e do 3.º ano.

Estes achados corroboraram literatura internacional (Braddick, 2003) que relataram que aos 9 anos de idade, as habilidades percepto-visuais são bem refinadas, ou seja, a percepção do primeiro plano melhora rapidamente entre 3 e 5 anos e se estabiliza entre as idades de 8 e 10 anos; a capacidade de posição no espaço se desenvolve completamente por volta dos 7 a 9 anos; a capacidade de constância de forma melhora rapidamente de 6 a 7 anos e atinge uma condição estável em cerca de 8 a 9 anos, enquanto que, a capacidade de discernir relações espaciais mais complexas mostra melhora consistente em relação à infância e está bem desenvolvida aos 10 anos de idade.

Ainda são poucos os estudos que investigam o desenvolvimento da percepção visomotora e a sua relação com a leitura e escrita, entretanto, destacamos que estudos como este que envolvem a caracterização do desempenho percepto-visomotor em escolares com bom desempenho acadêmico são extremamente importantes e necessários pois, somente desta forma, será possível estabelecer parâmetros para a identificação precoce de alterações viso-motoras que podem comprometer o desenvolvimento acadêmico de escolares em situação de aprendizagem.

A partir do momento em que a criança começa a ler, ela passa a reconhecer as letras isoladamente e compreende que essas letras fazem o registro de um conteúdo, sendo, então, capaz de aprender a registrar as formas da letra (Luria, 1988). No entanto, para que o escolar possa produzir as formas das letras de modo preciso são necessários o controle motor fino, a integração visomotora, o planejamento motor, a propriocepção, a percepção visual, a atenção sustentada e a consciência sensorial dos dedos (Germano; Capellini, 2019; Kandel; Perret, 2015; Martins *et al.*, 2012; Schneck; Amundson, 2010).

Sabemos que o período de alfabetização é fundamental para o desenvolvimento da escrita caligráfica, pois é um momento que exige dos escolares as habilidades cognitivas, linguísticas e motoras, isto é, a capacidade de decodificação das palavras e a ação motora adequada para a execução do ato motor da escrita (Queiroga; Silva, 2020; Cardoso; Germano, 2020; Capellini; Souza, 2008).

CONCLUSÃO

Os resultados deste estudo permitiram concluir que a partir do 3.º ano do Ensino Fundamental I os escolares apresentaram melhor desempenho nas habilidades percepto-visomotoras e que a partir do 4.º ano os escolares apresentaram um desempenho melhor nestas habilidades quando comparadas aos anos escolares anteriores.

Agradecimentos: A Reitoria da UNESP pela concessão da bolsa de iniciação científica ações afirmativas à primeira autora orientada pela última autora.

REFERÊNCIAS

BRADDICK, O.; ATKINSON, J.; WATTAM-BELL, J. Normal and anomalous development of visual motion processing: motion coherence and 'dorsal-stream vulnerability'. **Neuropsychologia**, v. 41, n. 13, p. 1769-1784, jan. 2003. Elsevier BV. http://dx.doi.org/10.1016/s0028-3932(03)00178-7. Disponível em: https://pubmed.ncbi.nlm.nih.gov/14527540/. Acesso em: 20 abr. 2022.

BROWN, G. T.; GABOURY, I. The Measurement Properties and Factor Structure of the Test of Visual-Perceptual Skills–Revised: implications for occupational therapy assessment and practice. **The American Journal Of Occupational Therapy**, v. 60, n. 2, p. 182-193, 1 mar. 2006. AOTA Press. http://dx.doi.org/10.5014/ajot.60.2.182. Disponível em: https://pubmed.ncbi.nlm.nih.gov/16596922/. Acesso em: 20 abr. 2022.

BROWN, T.; RODGER, S. Validity of the Developmental Test of Visual-Motor Integration Supplemental Developmental Test of Visual Perception. **Perceptual And Motor Skills**, [S.L.], v. 106, n. 3, p. 659-678, jun. 2008. SAGE Publications. http://dx.doi.org/10.2466/pms.106.3.659-678. Disponível em: https://pubmed.ncbi.nlm.nih.gov/18712186/. Acesso em: 20 abr. 2022.

CAPELLINI, S. A.; SOUZA, A. V. Avaliação da função motora fina, sensorial e perceptiva em escolares com dislexia do desenvolvimento. *In:* SENNYEY; A. L.; CAPOVILLA, F. C.; MONTIEL, J. M. **Transtornos de aprendizagem**: da avaliação à reabilitação. São Paulo: Artes Médicas, 2008. p. 55-64.

CARDOSO, M. H.; CAPELLINI, S. A. **Compreendendo os Transtornos específicos de aprendizagem – Compreendendo a disgrafia**. Ribeirão Preto: Booktoy, 2017.

CARDOSO, M. H.; GERMANO, G. D. Aprendizagem da escrita manual e as habilidades percepto-viso-motoras. *In:* CAPELLINI, S. A.; GERMANO, G. D.; OLIVEIRA, S. T. de (org.). **Fonoaudiologia educacional [recurso eletrônico]**: alfabetização em foco. São Paulo: Sociedade Brasileira de Fonoaudiologia; Brasília: Conselho Federal de Fonoaudiologia, 2020. p. 135-146.

CORNHILL, H.; CASE-SMITH, J. Factors That Relate to Good and Poor Handwriting. **The American Journal Of Occupational Therapy**, v. 50, n. 9, p. 732-739, out. 1996. AOTA Press. http://dx.doi.org/10.5014/ajot.50.9.732. Disponível em: https://pubmed.ncbi.nlm.nih.gov/8886192/. Acesso em: 20 abr. 2022.

ESPÍNDOLA, J. A. **Coordenação Óculo-Manual Desempenho Escolar**: Avaliação das tarefas e coordenação óculo-manuais de motricidade fina de baterias motoras e desempenho escolar. Novas Edições Acadêmicas, 2016.

FEDER, K. P; MAJNEMER, A. Handwriting development, competency, and intervention. **Developmental Medicine & Child Neurology**, v. 49, n. 4, p. 312-317, abr. 2007. Wiley. http://dx.doi.org/10.1111/j.1469-8749.2007.00312.x. Disponível em: https://pubmed.ncbi.nlm.nih.gov/17376144/. Acesso em: 20 abr. 2022.

FONSECA, V. da. **Desenvolvimento psicomotor e aprendizagem**. Porto Alegre: Artmed Editora, 2009.

GERMANO, G. D.; CAPELLINI, S. A. Use of technological tools to evaluate handwriting production of the alphabet and pseudocharacters by Brazilian students. **Clinics**, v. 74, 2019.

GOYEN, T-A.; LUI, K.; HUMMELL, J. Sensorimotor skills associated with motor dysfunction in children born extremely preterm. **Early Human Development**, v. 87, n. 7, p. 489-493, jul. 2011. Elsevier BV. http://dx.doi.org/10.1016/j.earlhumdev.2011.04.002. Disponível em: https://pubmed.ncbi.nlm.nih.gov/21549531/. Acesso em: 20 abr. 2022.

HAMMILL, D. D.; PEARSON, N. A.; VORESS, J. K. **Developmental Test of Visual Perception Third Edition**. Austin, TX: Pro-Ed, 2014.

KANDEL, S.; PERRET, C. How do movements to produce letters become automatic during writing acquisition? Investigating the development of motor anticipation. **International Journal of Behavioral Development**, v. 39, n. 2, p. 113-120, 2015.

LOH, P. R.; PIEK, J. P.; BARRETT, N. C. Comorbid ADHD and DCD: examining cognitive functions using the wisc-iv. **Research In Developmental Disabilities**, v. 32, n. 4, p. 1260-1269, jul. 2011. Elsevier BV. http://dx.doi.org/10.1016/j.ridd.2011.02.008. Disponível em: https://pubmed.ncbi.nlm.nih.gov/21377321/. Acesso em: 20 abr. 2022.

LURIA, A. **Pensamento e linguagem**: As últimas conferências. Porto Alegre: Artes Médicas, 1987.

MARTINS, M. R. I; IKEHARA, E.; CECATO, A. M.; BASTOS, J. A. Prevalência da dissociação óculo-manual em crianças com dislexia do desenvolvimento. **Acta Scientiarum. Health Sciences**, v. 34, n. 1, p. 17-21, 2012.

MILNER, A. D.; GOODALE, M. A. Two visual systems re-viewed. **Neuropsychologia**, v. 46, n. 3, p. 774-785, jan. 2008. Elsevier BV. http://dx.doi.org/10.1016/j.neuropsychologia.2007.10.005. Disponível em: https://pubmed.ncbi.nlm.nih.gov/18037456/. Acesso em: 20 abr. 2022.

NETO, F. R. **Manual de Avaliação Motora**. Porto Alegre: Artes Médicas, 2002.

OKUDA, P. M. M.; LOURENCETTI, M. D.; SANTOS, L. C. A. dos; PADULA, N. A. de M. R.; CAPELLINI, S. A. Coordenação motora fina de escolares com dislexia e transtorno do déficit de atenção e hiperatividade. **Revista Cefac**, v. 13, n. 5, p. 876-885, 10 jun. 2011. FapUNIFESP (SciELO). http://dx.doi.org/10.1590/s1516-18462011005000048. Disponível em: https://www.scielo.br/j/rcefac/a/j3V8tdH9hCmg7gT5JpZbS9S/abstract/?lang=pt. Acesso em: 20 abr. 2022.

PELITERO, T. M.; MANFREDI, A. K. da S.; SCHNECK, A. P. C. Avaliação das habilidades auditivas em crianças com alterações de aprendizagem. **Revista Cefac**, v. 12, n. 4, p. 662-670, 25 jun. 2010. FapUNIFESP (SciELO). http://dx.doi.org/10.1590/s1516-18462010005000062. Disponível em: https://www.scielo.br/j/rcefac/a/pVSzTY5NBPrD4zwjpYVBsCw/abstract/?lang=pt. Acesso em: 20 abr. 2022.

PEREIRA, D. M.; ARAÚJO, R. de C. T.; BRACCIALLI, L. M. P. Relationship analysis between visual-motor integration ability and academic performance. **Journal of Human Growth and Development**, São Paulo, v. 21, n.3, p. 808-17, 2011. Disponível em: http://pepsic.bvsalud.org/scielo.php?pid=S0104-12822011000300007&script=sci_arttext&tlng=en. Acesso em: 20 abr. 2022.

QIU, J.; LI, H.; LIU, Q.; ZHANG, Q. Brain mechanisms underlying visual perception and visual mental imagery of Chinese pseudo-characters: an event-related potential study. **Brain Research**, [S.L.], v. 1184, p. 202-209, dez. 2007. Elsevier BV. http://dx.doi.org/10.1016/j.brainres.2007.09.068. Disponível em: https://pubmed.ncbi.nlm.nih.gov/18028887/. Acesso em: 20 Abr. 2022.

QUEIROGA, B. A. de M.; SILVA, C. da. Habilidades preditoras para a aprendizagem da leitura e escrita. *In*: CAPELLINI, S. A.; GERMANO, G. D.; OLIVEIRA, S. T. de (org.). **Fonoaudiologia educacional [recurso eletrônico]**: alfabetização em foco. São Paulo: Sociedade Brasileira de Fonoaudiologia; Brasília: Conselho Federal de Fonoaudiologia, 2020. p. 27-42.

RATZON, N. Z.; LAHAV, O.; COHEN-HAMSI, S.; METZGER, Y.; EFRAIM, D.; BART, O. Comparing different short-term service delivery methods of visual-motor treatment for first grade students in mainstream schools. **Research In Developmental Disabilities**, v. 30, n. 6, p. 1168-1176, nov. 2009. Elsevier BV. http://dx.doi.org/10.1016/j.ridd.2009.03.008. Disponível em: https://pubmed.ncbi.nlm.nih.gov/19394194/. Acesso em: 20 Abr. 2022.

SCHNECK, C. M.; AMUNDSON, S. J. Prewriting and handwriting skills. **Occupational therapy for children**, v. 6, p. 555-580, 2010.

SHAMS, L.; KIM, R. Crossmodal influences on visual perception. **Physics Of Life Reviews**, v. 7, n. 3, p. 269-284, set. 2010. Elsevier BV. http://dx.doi.org/10.1016/j.plrev.2010.04.006. Disponível em: https://pubmed.ncbi.nlm.nih.gov/20447880/. Acesso em: 20 abr. 2022.

SMITS-ENGELSMAN, B. C. M.; NIEMEIJER, A. S.; VAN GALEN, G. P. Fine motor deficiencies in children diagnosed as DCD based on poor grapho-motor ability. **Human Movement Science**, v. 20, n. 1-2, p. 161-182, mar. 2001. Elsevier BV. http://dx.doi.org/10.1016/s0167-9457(01)00033-1. Disponível em: https://pubmed.ncbi.nlm.nih.gov/11471395/. Acesso em: 20 abr. 2022.

STENICO, M. B.; CAPELLINI, S. A. Habilidades perceptivas visuais e qualidade de escrita de escolares com dislexia. **Revista Psicopedagogia**, v. 30, n. 93, p. 69-76, 2013. Disponível em: https://www.revistapsicopedagogia.com.br/detalhes/93/habilidades-perceptivas-visuais-e-qualidade-de-escrita-de-escolares-com-dislexia. Acesso em: 20 abr. 2022.

WARDAK, C.; DENEVE, S.; HAMED, S. B. Focused visual attention distorts distance perception away from the attentional locus. **Neuropsychologia**, v. 49, n. 3, p. 535-545, fev. 2011. Elsevier BV. https://doi.org/10.1016/j.neuropsychologia.2010.12.008. Disponível em: https://pubmed.ncbi.nlm.nih.gov/21147135/. Acesso em: 20 abr. 2022.

AS FUNÇÕES EXECUTIVAS E SUA RELAÇÃO COM A ESCRITA MANUAL

Graziele Kerges-Alcantara

Simone Aparecida Capellini

A prática da escrita caligráfica é descrita na literatura como indispensável para que escolares reduzam demanda de memória operacional e atenção permitindo que esses recursos cognitivos de nível superior estejam disponíveis para a resolução de tarefas mais complexas como a produção da escrita textual. Desta forma, o objetivo deste capítulo foi abordar as bases neurobiológicas das Funções Executivas e da escrita manual, assim como sua relação com o desenvolvimento e o impacto sobre o desempenho acadêmico.

Palavras-chaves: Função Executiva. Escrita Manual. Desempenho Acadêmico.

BASES NEUROBIOLÓGICAS DAS FUNÇÕES EXECUTIVAS E DESEMPENHO ACADÊMICO

Podemos definir Funções Executivas (FEs) como processos cognitivos de ordem superior, que comandam processos de nível inferior relacionados a comportamentos direcionados à realização de um objetivo específico e às demandas ambientais (Diamond, 2013; Friedman; Miyake, 2017; Santos, 2015), os quais resultam da atividade dos lobos frontais/pré-frontais e de suas conexões com regiões de associação do córtex parietal, temporal e occipital, atuando como um "diretor" do funcionamento da atividade mental humana (Goldberg, 2002). São processos cognitivos que possibilitam ao indivíduo direcionar comportamentos a metas, analisando a sua eficiência, abandonando estratégias ineficientes, resolvendo problemas imediatos e/ou de médio e longo prazos (Diamond, 2013; Maloy-Diniz *et al.*, 2008; Strauss, Sherman, Spreen, 2006), permitindo que o indivíduo controle e, ao mesmo tempo, regule seu comportamento perante as demandas do ambiente (Gazzaniga; Ivry; Mangun, 2002; Lezak *et al.*, 2004).

Encontramos na literatura volume significativo de estudos que visam definir seus componentes para fins de classificação e avaliação, sendo questão fundamental ao abordarmos as diversas teorias e modelos no estudo das Funções Executivas, sua característica unitária ou multidimensional (Friedman; Miyake, 2017; Santos, 2013). As FEs e seus componentes relacionam-se à definição de metas, iniciação da ação, planejamento, alternância, monitoramento (Santos, 2013), cognição social, teoria da mente e metacognição (Godefroy *et al.*, 2010).

Neste capítulo, adotamos um modelo que vem recebendo aceitação na literatura recentemente o qual considera três componentes essenciais relacionados às Funções Executivas: inibição, memória operacional e alternância, demonstrando que, a partir da sua integração, outras habilidades surgiriam como planejamento, tomada de decisão e resolução de problemas (Diamond, 2013; Diamond; Lee, 2011; Emerson *et al.*, 2000; Dias; Seabra, 2013; Santos, 2013). Portanto, os três principais componentes das FEs contribuem para regular o comportamento intencional que, embora separáveis, estão moderadamente correlacionados (Friedman; Miyake, 2017). Além do desenvolvimento ontogenético das Funções Executivas, por volta dos 12 meses de vida até o início da vida adulta (Romine; Reynolds, 2005), estudos mostram uma diferença entre o desenvolvimento de seus diferentes componentes, ou seja, alguns se consolidariam antes de outros (Dawson; Guare, 2010; Diamond; Lee, 2011; Miyake *et al.*, 2000).

Estudos evidenciaram a inibição como o primeiro componente a surgir, por volta dos 12 meses de vida, sendo esperado que apenas entre os 4 e 5 anos as crianças tornam-se capazes de inibir uma ação, comportando-se com mais critério. Trata-se de uma habilidade envolvida com a inibição de resposta ou autocontrole, controle de interferência e atenção seletiva (Diamond, 2013; Friedman; Dias; Seabra, 2013; Miyake *et al.*, 2000). Trata-se então da capacidade de frear respostas que são habituais em determinadas situações, permitindo que o indivíduo seja capaz de controlar comportamentos inapropriados, envolvendo a inibição de respostas (autocontrole), dependendo diretamente dos processos de atenção da atividade cognitiva. Dessa forma, a habilidade de inibição inclui o conceito de atenção seletiva, à medida que permite a inibição de resposta prepotente e atenção a estímulos irrelevantes (Dawson; Guare, 2010).

A memória operacional é apontada como o segundo componente das FEs a se desenvolver (Gazzaniga; Ivry; Mangun, 2002). Seu conceito, a partir de um modelo amplamente citado na literatura (Baddeley, 1992; Gazzaniga; Ivry; Mangun, 2002), se refere ao arquivamento temporário da informação para que várias tarefas sejam executadas. Refere-se à capacidade de manter e, ao mesmo tempo, manipular informações provenientes do ambiente imediato e da memória de longo prazo, por um período breve (Baddeley, 1992).

O terceiro componente a se desenvolver é a alternância, habilidade que permite ao indivíduo adaptar-se às demandas do ambiente, adequando seu comportamento a novas regras, alterando o foco de atenção, gerando condições para analisarmos um problema e produzindo soluções alternativas (Miyake; Friedman; 2012; Miyake *et al.*, 2000).

Pesquisas revelaram ampla influência das FEs sobre o desempenho acadêmico em razão de sua associação ao desenvolvimento e regulação cognitiva, emocional, comportamental e social (DIAMOND, 2013), relacionando-se seu desenvolvimento típico diretamente ao sucesso escolar em crianças no início da aprendizagem formal e ao longo de seu percurso acadêmico (Blair; Razza, 2007; Jacobson; Williford; Pianta, 2011; Mcclelland *et al.*, 2007). Estudos afirmam que o funcionamento executivo de cada criança, por se tratar de uma característica individual associada à capacidade para agir de forma adaptativa (Gonçalves *et al.*, 2017; Röthlisberger *et al.*, 2012), pode ser generalizado e observado em diferentes contextos. Portanto, a partir dessa perspectiva, crianças com maior capacidade de autorregulação comportamental utilizam essa mesma habilidade durante o processo de aprendizagem escolar (Roebers *et al.*, 2012). Esses achados têm motivado um número cada vez maior de estudos e iniciativas voltadas para o desenvolvimento de programas de estimulação e intervenção dessas funções, dirigidos para os contextos clínico e educacional (Dias; Seabra, 2013; Rosário; Pérez; González-Pienda, 2007), demonstrando melhora das FEs na primeira infância (Carvalho *et al.*, 2022; Diamond *et al.*, 2007; Diamond, 2011; Rueda *et al.*, 2005), sugerindo ser um dos meios de prevenção do fracasso escolar (Blair; Diamond, 2008) por influenciar implicitamente os resultados acadêmicos da criança. Assim, o melhor desempenho nos processos cognitivos levará a melhora da prontidão escolar.

Ao abordarmos escolares com desenvolvimento típico, é esperado, após serem expostos ao processo de alfabetização, incluindo métodos de instrução para a aprendizagem da escrita manual, habilidades simples devem estar automatizadas (Pagliarin; Pereira; Fonseca, 2016), permitindo que os recursos cognitivos de nível superior estejam disponíveis para a resolução de tarefas mais complexas (Keenan *et al.*, 2014; Olive, 2004).

Dessa forma, entendemos a escrita como uma habilidade complexa já que requer habilidades motoras finas, percepção visual, integração percepto-visomotora, maturidade e integração da cognição (Stevenson; Just, 2014) relacionada ao refinamento da linguagem, alfabetização e competências motoras.

Dentre essas atividades complexas estão a escrita, a qual requer habilidades motoras finas, percepção visual, integração percepto-visomotora e maturidade e integração da cognição (Stevenson; Just, 2014), que requer a automaticidade de processos mais básicos, como o desenvolvimento da escrita manual. Processos de decodificação e codificação recrutam menos processos executivos do que a produção escrita, uma vez que esse último exige mais formulação, implementação de estratégias e automonitoramento (Best; Miller; Naglieri, 2011; Cragg; Gilmore, 2014; Hooper *et al.*, 2002; Sesma *et al.*, 2009; Shaywitz; Lyon; Shaywitz, 2006).

Segundo os ensinamentos de Fonseca *et al.* (2017), observa-se na literatura um foco muito maior em estudos relacionados a tarefas de elevado grau de complexidade. Essas tarefas exigem maior maturidade cognitiva e consequentemente um forte envolvimento das FEs em sua realização, uma vez que habilidades básicas (inibição, memória operacional e alternância) já deveriam contar com essas funções consolidadas e automatizadas (Clair-Thompson; Gathercole, 2009; Cragg; Glimore, 2014).

Ainda segundo os autores acima citados, estudos com neuroimagem demonstraram a ativação de áreas frontais do cérebro, como o giro frontal medial e inferior ou a área dorsolateral esquerda, durante os anos escolares iniciais, havendo a diminuição dessa ativação ao longo do processo de aprendizagem escolar, provavelmente devido a menor dependência dos processos controlados de memória operacional e inibição, ao passo que ocorre a aquisição das habilidades consideradas básicas (Cragg; Gilmore, 2014).

BASES NEUROBIOLÓGICAS E O PROCESSO DE DESENVOLVIMENTO DA ESCRITA MANUAL

Nesse contexto, ao abordamos as bases neurobiológicas da escrita manual, passamos a entender o período de alfabetização como primordial, pois exige dos escolares habilidades cognitivas, linguísticas e motoras, a partir das quais a capacidade de decodificação das palavras e a ação motora tornam-se adequadas para a execução do ato motor da escrita (Capellini; Souza, 2008). Dessa forma, quando a criança começa a ler, passa a reconhecer as letras isoladamente, compreendendo que essas letras fazem o registro de um conteúdo tornando-se capaz de aprender a registrar as formas da letra (Luria, 1988).

Ainda sobre o processo de aquisição da escrita, ressaltamos seu resultado no processo educacional, bem-estar físico e no desenvolvimento cerebral (Mcfarland, 2015), já que recruta diversas funções motoras e cognitivas, envolvendo áreas cerebrais (Klemm, 2013; Planton *et al.*, 2013).

Segundo a literatura (Schirmer, Fontoura, Nunes, 2004; Cardoso, Capellini, 2021), o processo de aquisição da linguagem escrita envolve as seguintes áreas:

- Área occipital, córtex visual primário responsáveis pelo processamento dos símbolos gráficos;
- Áreas do lobo parietal e área frontal, responsáveis respectivamente pelo aspecto viso-espacial da grafia e o planejamento, organização e execução do movimento;
- Área de Wernicke responsável pela compreensão da linguagem e a expressão da linguagem escrita, ativando o córtex motor primário e a área de Broca;
- Região frontal em que o ato motor acontece a partir da intenção do movimento, ou seja, o planejamento elaborado no córtex pré-frontal, direcionando a informação para a área pré-motora a qual irá organizar a sequência motora. Em seguida, a informação é projetada na área motora primária, a qual envia os impulsos via medula para a musculatura visando a execução do movimento planejado.

Ainda segundo os autores (Shirmer, Fontoura, Nunes, 2004; Cardoso, Capellini, 2021), todo o processo é mediado pelo córtex pré-frontal, responsável pela motricidade fina e controle dos movimentos isolados das mãos e dos dedos (Llano, 2011; Rosa Neto *et al.*, 2000) e por muitas outras estruturas encarregadas de dosar a força, velocidade e agilidade, proporcionando *feedback* visual, auditivo e tátil, permitindo o ajuste contínuo do movimento.

Dessa forma, entendemos a escrita como uma habilidade complexa já que requer habilidades motoras finas, percepção visual, integração percepto-visomotora, maturidade e integração da cognição (Stevenson; Just, 2014) relacionado ao refinamento da linguagem, alfabetização e competências motoras (Bindman *et al.*, 2014).

RELAÇÃO ENTRE A AUTOMATICIDADE DA ESCRITA MANUAL E AS FUNÇÕES EXECUTIVAS

Nos primeiros anos escolares, via de regra, a caligrafia ainda não se encontra automatizada, ou seja, a criança ainda precisa se concentrar de maneira consciente na mecânica da escrita, utilizando a maior parte dos recursos da memória operacional e da atenção, destinando maior demanda cognitiva para a formação de letras e palavras, e menos para a criação, ideia, seleção do vocabulário, composição e revisão do que se escreve (Cardoso; Capellini, 2021; Mccarney *et al.*, 2013; Prunty *et al.*, 2013; Stevenson; Just, 2014). Logo, a qualidade da sua composição textual sofrerá efeito negativo (Bourdin; Fayol, 2002; Medwell; Wray, 2008).

A caligrafia, ao passo que se torna automática, mais recursos cognitivos relacionados à memória operacional e atenção tornam-se disponíveis para tarefas complexas como o processo de escrita de alto nível, as quais exigem outras habilidades cognitivas como planejamento e revisão, as quais irão garantir um texto melhor escrito (Alves; Castro; Olive, 2008). Esses achados apontam a prática da caligrafia como indispensável para que escolares reduzam demanda de memória operacional e atenção permitindo que esses recursos cognitivos de nível superior estejam disponíveis para a resolução de tarefas mais complexas como a escrita de alto nível.

De fato, há amplo entendimento na literatura que as Funções Executivas estão relacionadas com tarefas que exigem esforço cognitivo para resolver problemas que não podem ser solucionados a partir de processos automáticos (Diamond, 2013), levando a concluir que processos básicos como leitura, escrita e matemática exigiriam menor demanda executiva daqueles que demandam formulação e implementação de estratégias e automonitoramento (Best; Miller; Naglieri, 2011; Hooper *et al.*, 2002; Gonçalvez, *et al.*, 2017; Sesma *et al.*, 2006). Entretanto, encontramos estudos demonstrando a ativação de áreas frontais do cérebro como o giro frontal medial e inferior ou a área dorsolateral esquerda durante os anos escolares iniciais, ao passo que há a diminuição desta ativação ao longo do processo de aprendizagem escolar.

Ademais, estudos identificaram efeito da memória operacional, flexibilidade cognitiva e do controle inibitório, o qual inclui o conceito de atenção, nos quatro primeiros anos escolares (Altemeier; Abbott; Berninger, 2008).

Encontramos na literatura nacional (Carvalho, *et al.*, 2022; Leon, *et al.*, 2013; Pazeto; Seabra; Dias, 2014) e internacional (Altemeier; Abbott; Berninger, 2008, Berninger, 2006; Clark; Pritchard; Woodward; 2010; Soto, 2021) grande número de estudos que investigam a relação entre os componentes das Funções Executivas e sua influência nas habilidades básicas de leitura, escrita e matemática.

Em relação à escrita, estudos apontam a memória operacional e o controle inibitório como preditores na produção escrita (Capovilla; Capovilla, 2003; Ferreira, 2020; Kellogg *et al.*, 2016). Pesquisas ainda revelaram o forte envolvimento da inibição, da fluência verbal e do planejamento com a produção ortográfica e o desenvolvimento da escrita em alunos do Ensino Fundamental (Altemeier; Abbott; Berninger, 2006), identificando o acesso rápido à informação fonológica/ortográfica armazenada no léxico (FVFO) e o componente fonológico da memória operacional como os principais preditores. Enquanto o controle inibitório, a alternância e a velocidade de processamento apresentam um papel importante na escrita de palavras isoladas (Gonçalvez *et al.*, 2017).

Estudos revelaram ainda que fatores não linguísticos influenciam o desenvolvimento da alfabetização (Hulme; Snowling, 2013; Kirby; Parrila; Pfeiffer, 2003) apontando as habilidades motoras entre as mais estudadas, entretanto o tipo de influência e os mecanismos subjacentes têm sido pouco explorados (Cameron, 2012; Grissmer *et al.*, 2010). Em um estudo (Lê *et al.*, 2021) realizado com 278 crianças da terceira série, foram usadas uma ampla gama de medidas relacionadas à linguagem escrita (leitura, ortografia, compreensão de leitura e produção escrita), habilidades motoras finas (mão dominante, mão não dominante e destreza bimanual), habilidades (memória de trabalho verbal e visuoespacial, inibição e deslocamento) e caligrafia, buscando investigar a relação entre habilidades motoras e letramento, testando a contribuição das Funções Executivas e habilidades de escrita como possíveis mediadores dessa relação.

Segundo os autores (Lê *et al.*, 2021), os resultados encontrados a partir relação entre essas diferentes variáveis indicam que, na terceira série, a influência das habilidades motoras finas na alfabetização são totalmente mediadas tanto pelas Funções Executivas quanto pelas habilidades de escrita. Os efeitos nas habilidades motoras foram observados tanto para baixos níveis de processamento (leitura, soletração) quanto para altos níveis de processamento (compreensão de leitura, produção escrita), discutindo os mecanismos potenciais subjacentes às diferentes habilidades de alfabetização e suas implicações para os programas pedagógicos.

CONSIDERAÇÕES FINAIS

Nas últimas décadas, é crescente o número de publicações relacionando as Funções Executivas como um dos preditores para o desempenho acadêmico, da mesma forma que as contribuições da relação entre as Funções Executivas e o processo do desenvolvimento da escrita manual.

A literatura citada neste capítulo descreveu que a prática da escrita caligráfica é indispensável para que escolares reduzam demanda de memória operacional e atenção, permitindo que esses recursos cognitivos de nível superior estejam disponíveis para a resolução de tarefas mais complexas como a produção de texto.

Sendo assim, este capítulo abordou as bases neurobiológicas das Funções Executivas e da escrita manual, assim como sua relação com o desenvolvimento e o impacto sobre o desempenho acadêmico ainda tão pouco explorado na prática clínica e educacional.

REFERÊNCIAS

BADDELEY, A. D. Working memory. **Science**, v. 255, n. 5044, p. 556-559, 1992.

BERNINGER, V.; ABOOTT, R.; COOK, C. R.; NAGY, W. Relationships of attention and executive functions to oral language, reading, and writing skills and systems in middle childhood and early adolescence. **Journal of learning disabilities**, v. 50, n. 4, p. 434-449, 2017.

BERNINGER, V. W.; ABBOTT, R. D. Listening comprehension, oral expression, reading comprehension, and written expression: Related yet unique language systems in grades 1, 3, 5, and 7. **Journal of Educational Psychology**, v. 102, n. 12, p. 635–651, 2010.

BLAIR, C.; RAZZA, R. P. Relating effortful control, executive function, and false belief understanding to emerging math and literacy ability in kindergarten. **Child development**, v. 78, n. 2, p. 647-663, 2007.

BOURDIN, B.; FAYOL, M. Even in adults, written production is still more costly than oral production. **International Journal of Psychology**, v. 37, n. 4, p. 219-227, 2002.

CARDOSO, M. H.; CAPELLINI, S. A. Procedimentos avaliativos para análise da escrita manual: um levantamento bibliográfico. *In:* ALCANTARA, G. K.; GERMANO, G. D.; CAPELLINI, S. A. (org.). **Múltiplos olhares sobre a aprendizagem e os transtornos de aprendizagem**. Curitiba: CRV, 2021. p. 177-194.

CRAGG, L.; GILMORE, C. Skills underlying mathematics: The role of executive function in the development of mathematics proficiency. **Trends in neuroscience and education**, v. 3, n. 2, p. 63-68, 2014.

DIAMOND, A. Executive functions. **Annual review of psychology**, v. 64, n.20, p. 135-168, 2013.

DIAS, N. M.; SEABRA, A. G. Funções executivas: Desenvolvimento e intervenção. **Temas sobre Desenvolvimento**, v. 19, n. 107, p. 206-212, 2013.

FRIEDMAN, N. P.; MIYAKE, A. Unity and diversity of executive functions: Individual differences as a window on cognitive structure. **Cortex**, v. 86, n. 14, p. 186-204, 2017.

GAZZANIGA, M. S.; IVRY, R. B.; MANGUN, G. R. **Cognitive Neuroscience**: The Biology of the Mind. New York: Norton & Company, 2002.

GRISSMER, D., GRIMM, K. J.; AIYER, S. M.; MURRAH, W. Fine motor skills and early comprehension of the world: two new school readiness indicators. **Developmental psychology**, v. 46, n. 5, p. 1008, 2010.

GODEFROY, O.; AZOUVI, P.; ROBERT, P.; ROUSSEL, M.; LEGALL, D.; MEULEMANS, T. Dysexecutive syndrome: diagnostic criteria and validation study. **Annals of neurology**, v. 68, n. 6, p. 855-864, 2010.

GOLDBERG, E. **The executive brain:** Frontal lobes and the civilized mind. Oxford University Press, USA, 2002.

GONÇALVES, H. A.; VIAPIANA, V. F.; SARTORI, M. S.; GIACOMONI, C. H.; STEIN, L. M.; ROCHELE, P. F. Funções executivas predizem o processamento de habilidades básicas de leitura, escrita e matemática? **Neuropsicologia Latinoamericana**, v. 9, n. 3, 2017.

HOOPER, S. R.; SWARTZ, C. W.; WAKELY, M. B.; DE KRUIF, R. E.; MONTGOMERY, J. W. Executive functions in elementary school children with and without problems in written expression. **Journal of Learning Disabilities**, v. 35, n. 1, p. 57-68, 2002.

HULME, C.; SNOWLING, M. J. Learning to read: What we know and what we need to understand better. **Child development perspectives**, v. 7, n. 1, p. 1-5, 2013.

JACOBSON, L. A.; WILLIFORD, A. P.; PIANTA, R.C. The role of executive function in children's competent adjustment to middle school. **Child Neuropsychology**, v. 17, n. 3, p. 255-280, 2011

KELLOGG, R. T.; TURNER, C. E.; WHITEFORD, A. P.; MERTENS, A. The Role of Working Memory in Planning and Generating Written Sentences. **Journal of Writing Research**, v. 7, n. 3, 2016.

KIRBY, J. R.; PARRILA, R. K.; PFEIFFER, S. L. Naming speed and phonological awareness as predictors of reading development. **Journal of Educational Psychology**, v. 95, n. 3, p. 453, 2003.

LÊ, M.; QUÉMART, P.; POTOCKI, A.; GIMENES, M.; CHESNET, D.; LAMBERT, E. Modeling the influence of motor skills on literacy in third grade: Contributions of executive functions and handwriting. **Plos one**, v. 16, n. 11, p. e0259016, 2021.

LURIA, A. R. The pathology of grammatical operations. *In:* **Advances in Psychology**. North-Holland, 1988. p. 95-141.

MEDWELL, J.; WRAY, D. Handwriting–A forgotten language skill?. **Language and education**, v. 22, n. 1, p. 34-47, 2008.

MCCLELLAND, M. M.; CAMERON, C. E.; CONNOR, C. M.; FARRIS, C. L.; JEWKES, A. M.; MORRISON, F. J. Links between behavioral regulation and preschoolers' literacy, vocabulary, and math skills. **Developmental psychology**, v. 43, n. 4, p. 947, 2007.

PAZETO, T. de C. B.; SEABRA, A. G.; CENTRO, N. M. D. Funções executivas, linguagem oral e escrita em crianças pré-escolares: Desenvolvimento e correlações. **Paidéia,** Ribeirão Preto, v. 24, n. 58, p. 213-222, 2014.

PRUNTY, M. M.; BARNETT, A. L.; WILMUT, K.; PLUMB, M. S. Handwriting speed in children with Developmental Coordination Disorder: Are they really slower?. **Research in developmental disabilities**, v. 34, n. 9, p. 2927-2936, 2013.

ROMINE, C. B.; REYNOLDS, C. R. A model of the development of frontal lobe functioning: findings from a meta-analysis. **Appl Neuropsychol**, v. 2, n. 4, p. 190-201, 2005.

ROSA NETO, F.; OLIVEIRA, A. J.; PIRES, M. M. S.; LUNA, J. L. S. Perfil biopsicossocial de crianças disléxicas. **Temas desenvolv**, v. 9, n. 51, p. 21-24, jul./ago.2000.

SANTOS, F. H. Funções Executivas. *In:* SANTOS, F. H. **Neuropsicologica hoje**. 2. ed. Porto Alegre: Artmed, 2015. p. 68-75. cap 4.

MALOY-DINIZ, L. F.; CAPELLINI, G. M; MALLOY-DINIZ, D. N. M; WELLINGTON, B. L. Neuropsicologia no transtorno de deficit de atenção/hiperatividade. *In:* FUENTES, D. (org.). **Neuropsicologia teoria e prática**. Artmed: Porto Alegre, 2008, p. 241-255.

SOTO, E. F.; IRWIN, L. N.; CHAN, E. S. M.; SPIEGEL, J. A. KOFLER, M. J. Executive functions and writing skills in children with and without ADHD. **Neuropsychology**, v. 35, n. 8, p. 792, 2021.

SCHIRMER, C. R.; FONTOURA, D. R.; NUNES, M. L. Language and learning disorders. **Jornal de Pediatria**, v. 80, p. 95-103, 2004.

STRAUSS, E.; SHERMAN, E. M. S.; SPREEN, O. **A Compendium of neuropsycological tests: administration, norms and commentary**. New York: Oxford University Press, 2006.

DESENVOLVIMENTO MOTOR E DISPRAXIAS

Francisco Rosa Neto

DESENVOLVIMENTO MOTOR

Desde o momento da concepção, o organismo humano tem uma lógica biológica, uma organização, um calendário maturativo e evolutivo, uma porta aberta à interação e à estimulação. Entre o nascimento e a idade adulta se produzem, no organismo humano, profundas modificações. As possibilidades motoras da criança evoluem amplamente com sua idade e se tornam cada vez mais variadas, completas e complexas.

Durante a gravidez, o feto começa a dar sinais de vida ao mundo exterior fundamentalmente através de uma atividade motora. Desde o nascimento, estamos observando dia a dia as mudanças maturativas da criança, que continuamente nos surpreende com fatos novos. A integração sucessiva da motricidade implica a constante e permanente maturação orgânica. O movimento contém em si mesmo sua verdade, tem sempre uma orientação significativa em função da satisfação das necessidades que provoca o meio. O movimento e seu fim são uma unidade e desde a motricidade fetal até a maturidade plena, passando pelo movimento do parto e pelas sucessivas evoluções, o movimento se projeta sempre frente à satisfação de uma necessidade relacional. A relação entre o movimento e o seu fim se aperfeiçoa cada vez mais como resultado de uma diferenciação progressiva das estruturas integradas do ser humano (Rosa Neto, 2020).

INTELIGÊNCIA MOTORA

A inteligência motora pode ser definida com base em algumas características principais, tais como: capacidade de adaptação, transmissão e aquisição de movimentos ou comportamentos corporais; resolução dos problemas; menor gasto energético; variabilidade motora; controle motor; e tonicidade. Coordenação, propriocepção e percepção do movimento motor. As áreas motoras são divididas em três pilares e seis domínios, conforme apresentado na Figura 1.

Figura 1 – Pilares do Desenvolvimento Motor

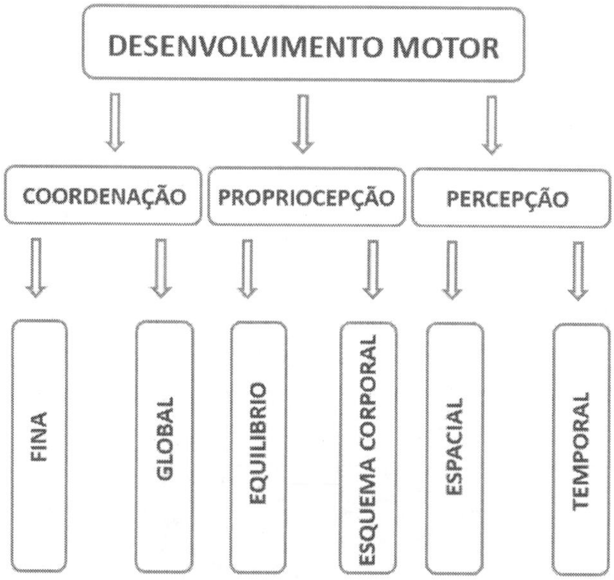

Fonte: Adaptado de Rosa Neto (2020).

COORDENAÇÃO

A área da Coordenação envolve dois domínios motores: Motricidade Fina e a Motricidade Global. As direções do neurodesenvolvimento do lactente, ocorrem através de uma sequência regular e constante. Nesta sequência, a etapa que vem antes influenciará a próxima e não há possibilidades de saltos evolutivos. De acordo com a maturação, mielinização e migração neuronal: CÉFALO-CAUDAL; PRÓXIMO-DISTAL; GERAL-ESPECÍFICO; SIMPLES-COMPLEXO.

Os movimentos de coordenação se apresentam no lactente, através da exploração do neurodesenvolvimento evolutivo. Total de 55 níveis ou etapas de atividades motoras óculo-manuais; 41 níveis ou etapas de coordenação motora ampla (controle postural).

Na Educação Infantil e Ensino Fundamental, a área da coordenação servirá de base neurológica para os processamentos superiores (raciocínio lógico) e Funções Executivas (memória de trabalho, controle inibitório e flexibilidade mental). Contribuirá também para o desenvolvimento do ensino e da aprendizagem.

PROPRIOCEPÇÃO

A área da propriocepção envolve dois domínios motores: Equilíbrio e o Esquema Corporal. A propriocepção é um processo que resulta em representações e construções mentais do próprio corpo. É a organização e interpretação das informações cinestésicas e maior consciência corporal. A propriocepção alimenta o sistema nervoso central sobre a localização dos segmentos corporais (tendões, ligamentos, articulações e músculos) e sua capacidade de mobilidade, através das sensações e percepções do próprio corpo. O relaxamento auxilia na liberação das tensões físicas, mentais, emocionais e espirituais. As tensões comprometem a musculatura (couraças musculares, desvios posturais e fadiga); modificam nosso metabolismo (imunidade, pressão arterial, respiração, sono, batimentos cardíacos, outros); provocam alterações fisiológicas (queda da resistência imunológica, vulnerabilidade a doenças e estresse); e dificultam a circulação de energia pelo nosso corpo.

PERCEPÇÃO

A área da percepção envolve dois domínios motores: Organização Espacial e Organização Temporal. A percepção é um processo que resulta em representações e construções mentais dos estímulos. Leitura cerebral aos estímulos sensoriais. A organização, interpretação, análise e integração dos estímulos implicam a atividade não apenas dos órgãos sensoriais, também de nosso Sistema Nervoso Central. Percepção Auditiva; Percepção Visual; e Percepção Tátil.

PERCEPÇÃO AUDITIVA: A percepção auditiva envolve a recepção e a interpretação de estímulos sonoros através da audição. Nesta percepção, identificam-se algumas habilidades, tais como: detecção do som; sensação sonora; discriminação; localização; reconhecimento; compreensão; atenção; e memória.

PERCEPÇÃO VISUAL: Serve para identificar, classificar, organizar, armazenar e lembrar as informações registradas visualmente. Através da percepção visual, podemos classificar os diferentes estímulos de acordo com a forma, tamanho, dimensão, estrutura, distância, textura ou peso.

PERCEPÇÃO TÁTIL: Capacidade do ser humano de perceber e identificar os estímulos táteis, através da pele. Forma, tamanho, dimensão, superfície, textura, temperatura, posição, outros.

A Hierarquia do Sistema Nervoso Central relacionado ao movimento, divide-se em quatro categorias, conforme apresentado na Figura 2: Movimento reflexo; automático; condicionado; e práxico.

Figura 2 – Hierarquia do movimento

Fonte: Elaborado pelo autor.

A. MOVIMENTOS REFLEXOS

Reflexo é um movimento independente de nossa vontade e, normalmente, só depois de executado que tomamos conhecimento dele. É uma reação orgânica, sucedendo-se a uma excitação sensorial. O estímulo é captado pelos receptores sensoriais do organismo e levado ao Sistema Nervoso Central (medula espinal). O movimento pode ser primário (primitivo) do lactente; e secundário (reflexo de reação).

Dessa forma, servem como fonte primária de informações, as quais se armazenam no córtex em desenvolvimento.

Os bebês nascem neurologicamente imaturos e estas respostas automáticas procedem de uma antiga herança genética. Alguns reflexos primitivos irão desaparecendo e outros se transformarão em diferentes mecanismos motores. Nos primeiros meses de vida, a presença, intensidade e simetria desses reflexos podem ser usadas para avaliar a integridade do Sistema Nervoso Central e para detectar anormalidades periféricas, como alterações musculoesqueléticas congênitas ou lesões nervosas. Por outro lado, a persistência da maioria desses reflexos, no segundo semestre de vida, também indica anormalidades do desenvolvimento.

Supõe-se que as atividades reflexas primitivas concorram como arcabouço para o preparo dos atos motores voluntários futuros. Esses movimentos são inibidos pelos lóbulos frontais à medida que a criança se desenvolve pela maturação do encéfalo, pela mielinização, formação e arborização das sinapses das células nervosas, com crescente controle voluntário de cada uma das atividades relacionadas a estes reflexos. Por volta dos seis meses, a criança substitui estes movimentos por funções cerebrais mais complexas. No lactente, ausência ou persistência dos atos motores primitivos (reflexos) podem significar sinais de alerta para o desenvolvimento neuropsicomotor (Rosa Neto, 2020).

A Figura 3 ilustra os principais movimentos reflexos presentes no lactente, com destaque para:

- Reflexo Tônico Cervical Assimétrico – RTCA
- Reflexo Tônico Cervical Simétrico – RTCA
- Reflexo de Moro
- Reflexo de Busca
- Reflexo de Sucção
- Reflexo de Preensão
- Reflexo de Gallant
- Reflexo de Babinski
- Reflexo de Landau
- Reflexo de Marcha
- Reflexo de Paraquedas

- Reflexo de Colocação dos Pés
- Reflexo Tônico Labiríntico
- Reflexo de Natação

Figura 3 – Reflexos primitivos

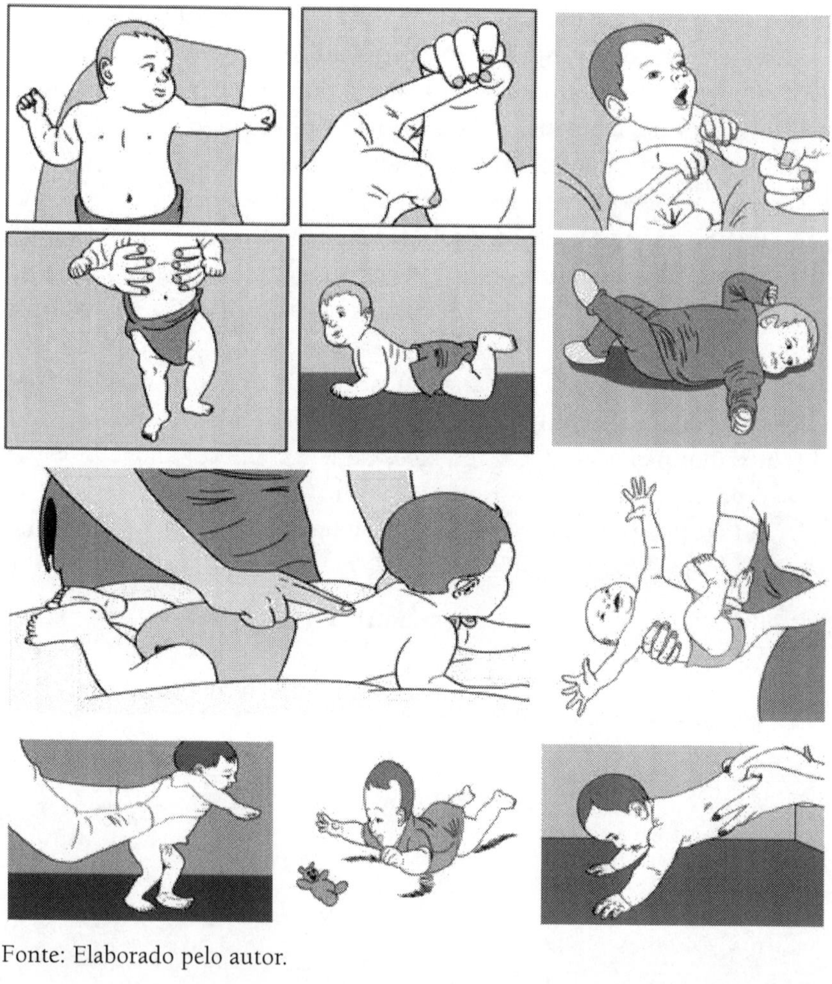

Fonte: Elaborado pelo autor.

B. MOVIMENTOS CONDICIONADOS

O movimento condicionado, também chamado de movimento automático especializado, trata-se de um mecanismo de aprendizagem (estímulo e resposta), vinculado ao Behaviorismo ou comportamentalismo, tendo como principais autores:

- IVAN PAVLOV (1849-1936) – Condicionamento clássico.
- JOHN WATSON (1878-1958) – Considerava ser possível prever e controlar toda a conduta humana.
- SKINNER (1904-1990) – Comportamento Operante, a resposta no organismo é modelada através do reforço (positivo ou negativo) diferencial e de aproximações sucessivas.

O movimento condicionado no esporte significa treinamento, ou seja, muitas horas dedicadas às tarefas motoras ou gestos motores. Tem como propósito a especialização no movimento, melhorando a precisão; velocidade; agilidade; força; resistência; etc. O cerebelo é a área do SNC responsável pelo controle dos movimentos; ajustes e correções; automatismos motores; coordenação dos movimentos; manutenção da postura; responsável pelo tônus; e movimentos automáticos especializados (Rosa Neto, 2020).

C. MOVIMENTOS AUTOMÁTICOS

O movimento automático depende evolutivamente do desenvolvimento neuropsicomotor (período sensoriomotor) e da aprendizagem. No ser humano, 90% das tarefas motoras diárias são automáticas (caminhar, ver um filme, dirigir um carro, falar ao celular, comer etc.). No Sistema Nervoso Central, através dos núcleos da base, ocorre o controle do movimento (Rosa Neto, 2020).

D. MOVIMENTOS PRÁXICOS

O movimento práxico, também chamado de movimento intencional desejado, é considerado um movimento mais elaborado e sofisticado, pois depende da participação dos órgãos do sentido (percepção); da atividade cortical (propriocepção); e do sistema límbico (prazer). Significa uma integração muito bem-sucedida do SNC (Funções Executivas). **Práxis** é uma palavra com origem em grego "*praxis*" que significa **conduta** ou **ação** (Figura 4) (Rosa Neto; Bianco, 2018; Ajuriaguerra, 1983).

Figura 4 – Características do Movimento Práxico

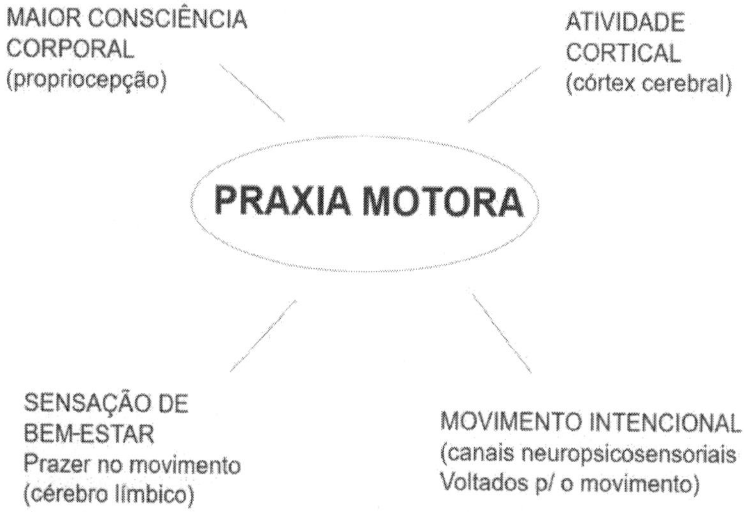

Fonte: Elaborado pelo autor.

Em Desenvolvimento, esta terminologia foi usada por autores clássicos: Dupré; Wallon; Piaget; Ajuriaguerra; outros (Figura 5).

Figura 5 – Autores clássicos da Psiquiatria Infantil e Desenvolvimento Humano

Fonte: Elaborado pelo autor.

E. FUNÇÕES EXECUTIVAS DE LURIA

O neuropsicólogo russo *Alexander Luria* foi fortemente influenciado pela teoria sociocultural de Vygotsky. Sua psicologia relaciona os processos psicológicos humanos com aspectos culturais, históricos e instrumentais, com destaque para a linguagem. Tomou contato com a teoria freudiana e interessou-se pelos processos mentais (afeto, pensamento e influências culturais). Também se voltou para os aspectos neurofisiológicos envolvendo mente e linguagem. Para ele, muito mais que a localização das funções superiores cerebrais, importa a interação dinâmica entre elas. Sua maior contribuição foi a noção de que o cérebro como um todo, em sistemas funcionais. Luria fez a descrição de três principais unidades funcionais básicas de que é composto o cérebro e necessárias para qualquer atividade mental: uma para regular o sono ou a vigília, outra para adquirir, processar e armazenar as informações que chegam do mundo exterior e outra para programar, regular e verificar a atividade mental. Cada unidade tem estrutura própria, que consiste em três zonas corticais: as primárias (de projeção), que recebem ou mandam impulsos para a periferia; as secundárias (de projeção e associação), onde a informação é recebida e processada; e as terciárias (zonas de superposição), responsáveis pela conjugação de várias áreas corticais.

Um exemplo desse dinamismo mental: a percepção não é um processo passivo, mas ocorre por meio da ação combinada das três unidades. A primeira fornece o tônus cortical necessário, a segunda leva a cabo a análise e síntese de informações e a terceira organiza os requeridos movimentos de busca controlados voluntariamente, os quais conferem à atividade perceptiva seu caráter ativo.

O esquema representado na Figura 6 se refere ao cérebro e sua organização mediante um estímulo. Os estímulos são alterações externas ou internas, que provocam respostas fisiológicas, ou comportamentais num organismo humano. Sensação é a percepção de mudanças físicas e os sentidos são num total de cinco: visão, audição, paladar, olfato, tato. Percepção seria a organização e interpretação de sensações – o mundo é percebido como sendo constante, embora as sensações possam mudar. As necessidades, crenças, emoções, motivações e expectativas influenciam a percepção. O desenvolvimento da consciência implica aspectos neuronais, cognitivos, sociais e subjetivos, entre eles o amadurecimento cerebral e o desenvolvimento do senso de identidade e de memória. As informações somatossensoriais vão sendo progressivamente processadas nas áreas associativas do lobo parietal, a partir de estímulos táteis e internos do corpo. Quando integradas às informações vindas do entorno por meio da visão e audição, fazem nascer no indivíduo a noção de seu lugar no tempo e no espaço, um dos primeiros passos para a construção da imagem do corpo e da consciência de si (Luria, 1984a; Luria, 1984b, Rosa Neto, 2020; Fonseca, 2012).

Figura 6 – Esquema neuropsicológico das Funções Executivas de LURIA

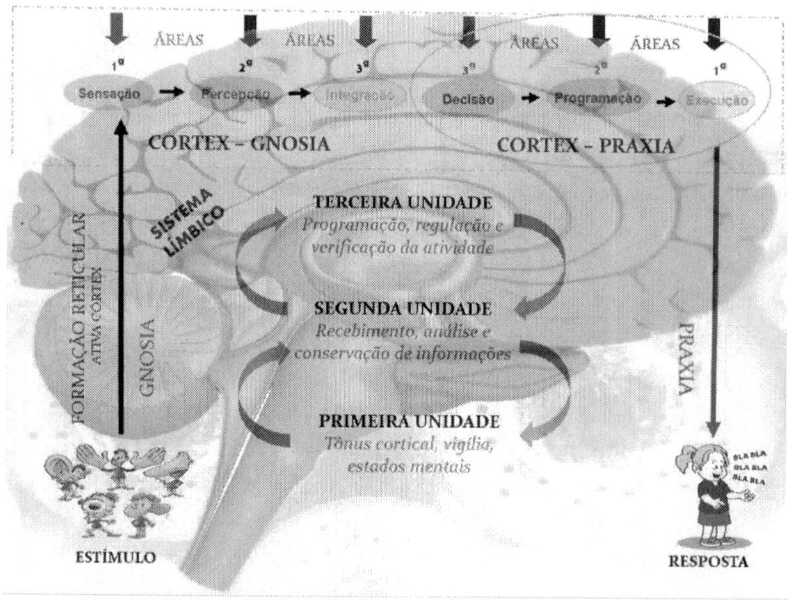

Fonte: Elaborado pelo autor.

F. DISPRAXIAS

Disfunção no desenvolvimento motor, nas áreas da coordenação (fina e global); propriocepção (equilíbrio e esquema corporal); e percepção (espacial e temporal). É um conceito clássico, utilizado na Psiquiatria Infantil desde o início do século XX para referir as disfunções ou desordens neuro evolutivas (Figura 7), sem etiologia aparente, com manifestações motoras. Ela não é sinônimo de apenas um transtorno do desenvolvimento ou aprendizagem, representa várias disfunções, com repercussão no desenvolvimento psicossocial (comportamento, emoções, família e ambiente social); desenvolvimento neurológico (Funções Executivas: planejamento, organização e execução); desenvolvimento motor (motricidade fina, global, equilíbrio, percepção do espaço e tempo); e desenvolvimento físico (postura, sedentarismo etc.) (Rosa Neto, 2020).

No Manual Diagnóstico e Estatístico de Transtornos Mentais – DSM 5 (APA, 2014), o termo é mencionado nos Transtornos da fala, "***dispraxia verbal***"; do Desenvolvimento da Coordenação, "***dispraxia da infância***"; e Neurocognitivo, devido a lesão cerebral traumática, "***dispraxia construtiva***".

Na Classificação Internacional de Doenças - CID 11 (2018), o termo aparece nos transtornos da fala, "***dispraxia verbal***"; desenvolvimento da coordenação motora "***dispraxia do desenvolvimento***"; alterações oculares específicas "***dispraxia oculomotora***"; apraxia "***dispraxia ideacional***".

Figura 7 – Dispraxias

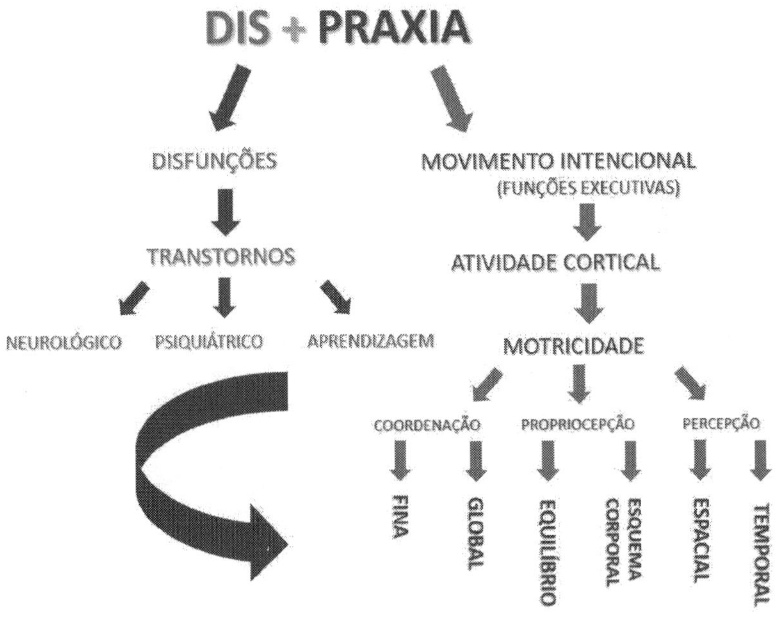

Fonte: Elaborado pelo autor.

As disfunções motoras ou dispraxias poderão ser divididas em primárias e secundárias, conforme representado na Figura 8.

Figura 8 – Dispraxias Primárias e Secundárias

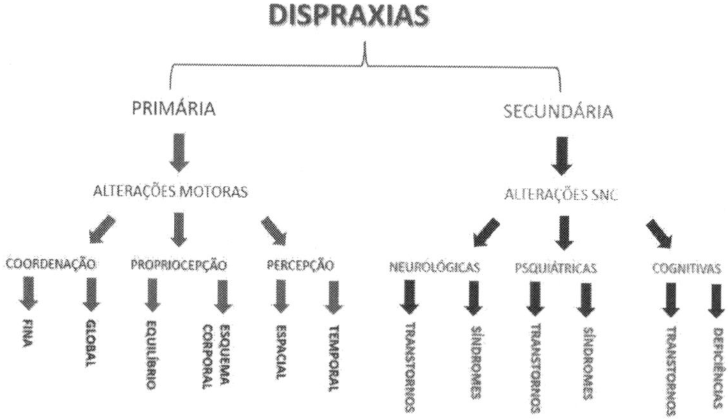

Fonte: Elaborado pelo autor.

REFERÊNCIAS CONSULTADAS

AJURIAGUERRA, J. **Manual de Psiquiatria Infantil**. 4. ed. Barcelona, ES: Masson, 1983.

AJURIAGUERRA, J.; MARCELLI, D. **Manual de Psicopatologia del Niño**. Barcelona, ES: Masson, 1982.

ALCIDES CUNHA, J. *et al.* **Psicodiagnóstico-V**. Porto Alegre, RS: ARTMED, 2002.

ALVES, L. M. *et al*. Rapid naming in Brazilian students with dyslexia and attention deficit hyperactivity disorder. **Frontiers in psychology**, [onine], v. 7, p. 21, jan. 2016.

ANASTASI, A.; URBINA, S. **Testagem Psicológica**. 7. ed. Porto Alegre, RS: ARTMED, 2000.

ANJOS, I. V. C.; FERRARO, A. A. A influência da dança educativa no desenvolvimento motor de crianças. **Revista Paulista de Pediatria**, São Paulo, SP, v. 36, n. 3, p. 337-344, 2018.

ARNONI, J. L. B. Effects of active videogame-based intervention on self-concept, balance, motor performance and adaptive success of children with cerebral palsy: preliminary study. **Fisioterapia e Pesquisa**, São Paulo, SP, v. 25, n. 3, p. 294–303, jul./set. 2018.

APA. Asociación Americana de Psiquiatria. **DSM-IV Manual diagnóstico y estadístico de los trastornos mentales**. Barcelona, ES: Masson, 1995.

ATHANASIADOU, A. *et al.* Early motor signs of attention-deficit hyperactivity disorder: a systematic review. **European child & adolescent psychiatry**, [online], p. 1-14, 2019.

BARBOSA, G. O.; MUNSTER, M. A. V. O efeito de um programa de equoterapia no desenvolvimento psicomotor de crianças com indicativos de transtorno de déficit de atenção e hiperatividade. **Revista Brasileira de Educação Especial**, [online], v. 20, n.1, p. 69-84, 2014.

BARLOW, W. The psychological problems of postural re-education. **Lancet**, 1955, 132, 659.

BEE, H. **O Ciclo Vital**. Porto Alegre, RS: ARTMED, 1997.

BEE, H.; BOYD, D. **A Criança em Crescimento**. Porto Alegre, RS: ARTMED, 2011.

CAETANO, M. J. D.; SILVEIRA, C. R. A.; GOBBI, L. T. B. Desenvolvimento motor de pré-escolares no intervalo de 13 meses. **Revista Brasileira de Cineantropometria & Desempenho Humano**, Florianópolis, SC, v. 7, n. 2, p. 05-13, 2005.

CAMARGO, A. C. R. *et al.* Desenvolvimento motor de crianças pré-termo moderadas aos sete e oito anos de idade. **Fisioterapia e Pesquisa**, São Paulo, SP, v. 18, n. 2, p. 182–187, abr./jun. 2011.

CAMPOS, S. D. F. D. *et al.* O brincar para o desenvolvimento do esquema corporal, orientação espacial e temporal: análise de uma intervenção. **Cadernos Brasileiros de Terapia Ocupacional**, São Carlos, SP, v. 25, n. 2, p. 275-285, 2017.

CARDEAL, C. M. *et al.* Efeito de um programa escolar de estimulação motora sobre desempenho da função executiva e atenção em crianças. **Motricidade**, [online], v. 9, n. 3, p. 44-56, 2013.

COSTA, A. G. S.; NETO B.; CAVALCANTE, J. L. Fine motor development in children with chronic malnutrition 1. **Cadernos de Terapia Ocupacional da UFSCar**, São Carlos, SP, v. 27, n. 1, p. 54-60, 2019.

DUPRÉ, E. **Pathologie de límaginati on et SDA de l' emotivité**. Paris, FR: Payot, 1925.

FERNANI, D. C. G. L. *et al.* Motor intervention in children with school learning difficulties. **Journal of Human Growth and Development**, São Paulo, SP, v. 23, n. 2, p. 209–214, 2013.

FERREIRA, J. R. P. *et al.* Avaliação motora em escolares com dificuldade de aprendizagem. **Revista Pediatria Moderna**, São Paulo, SP, v. 51, n. 2, p. 67-72, 2015.

FONSECA, V. **Manual de Observação Psicomotora**. 2. ed. Rio de Janeiro, RJ: WAK, 2012.

GALLAHUE, DL; OZMUN, JC. **Compreendendo o Desenvolvimento Motor: bebês, crianças e adultos.** 1ª ed. São Paulo, SP: Phorte, 2005.

GOULARDINS, J. B. *et al.* Motor profile of children with attention deficit hyperactivity disorder, combined type. **Research in developmental disabilities**, [online], v. 34, n. 1, p. 40-45, 2013.

GUILMAIN, E.; GUILMAIN, G. **Evolución psicomotriz desde El nacimiento hasta los 12 años**. Barcelona, ES: Médica e Técnica, 1981.

LAUX, R. C.; DE OLIVEIRA, S. R.; CORAZZA, S. T. Intervenção psicomotora em crianças disgráficas. **Distúrbios da Comunicação**, São Paulo, v. 28, n. 4, 2016.

LE BOULCH, J. **Hacia una Ciencia del Movimiento Humano**. Buenos Aires, ARG: Paidos, 1978.

LE BOULCH, J. **El Desarrollo psicomotor desde el nacimiento hasta los 6 años**. Barcelona, ES: Paidos, 1995.

LE BOULCH, J. **La Educación Psicomotriz en la Escuela Primaria**. Barcelona, ES: Paidos, 1991.

LENT, R. **Cem Bilhões de Neurônios?** 2.ª ed. São Paulo: Atheneu, 2010.

LUZ, M. M. et al. *A utilização da Escala de Desenvolvimento Motor (EDM) e a sua aplicação na fase escolar: uma realidade brasileira?* **Revista de Estudos Aplicados em Educação**, v. 3, n. 5, jan./jun. 2018.

LURIA, A. **El cérebro en acción**. Ed. Fontanella, Barcelona, 1979.

LURIA, A. **Las funciones psíquicas superiores y su organización cerebral**. Ed. Fontanella, Barcelona, 1983.

LURIA, A. **Sensación y percepción**. Ed. Martínez roca, Barcelona, 1984.

LURIA, A. **Atención y memoria**. Ed. Martínez roca, Barcelona, 1984.

MARONESI, L. C. *et al*. Análise de uma intervenção dirigida ao desenvolvimento da coordenação motora fina, global e do equilíbrio. **Cadernos brasileiros de terapia ocupacional**, São Carlos, SP, v. 23, n. 2, p. 273–284, 2015.

ROCHA, J. S. M. *et al*. Avaliação do desempenho motor em crianças com mucopolissacaridose II. **Cadernos de Terapia Ocupacional da UFSCar**, São Carlos, SP, v. 20, n. 3, 2012.

MEDINA-PAPST, J.; MARQUES, I. Avaliação do desenvolvimento motor de crianças com dificuldades de aprendizagem. **Revista Brasileira de Cineantropometria & Desempenho Humano**, Florianópolis, SC, v. 12, n. 1, p. 36–42, jan./fev. 2010.

NEWCOMBE, N. ***Desenvolvimento Infantil***. ARTMED, Porto Alegre, RS, 1999.

PIMENTA, R.A. *et al*. Asociación de áreas específicas del desarrollo con dispraxias en pré-escolares / Association Between Specific Areas Of Development And Dyspraxia In Preschool Children. **Revista Internacional de Medicina y Ciencias de la Actividad Física y el Deporte**, Madrid, ES. Disponível em: http://cdeporte.rediris.es/revista/inpress/artasociacion1252.pdf.

PIMENTA, R.; SILVA, L.; BIANCO, C. CAMAROTO, M.; ROSA NETO, F. Produção científica em avaliação motora: análise bibliométrica sobre a utilização da Escala de Desenvolvimento Motor. **Revista Educação Especial** 2020; V33:01-27.

RIGAL, R. **Motricidad Humana**. Ed. Pila Teleña, Madrid, 1988.

RIGAL, R.; PAOLETTI, R.; PORTMANN, M. **Motricite: approche psychophysiologique**. Québec, CAN: Le Presses, 1987.

ROSA NETO, F. **Manual de Avaliação Motora – EDM III**. 4.ª edição. Florianópolis, SC: EDM, 2020.

ROSA NETO, F. **Manual de Evaluación Motora – EDM III**. 1.ª ed. Florianópolis, SC: UDESC, 2018.

ROSA NETO, F. **Manual of Motor Function Assessment – MDS III**. 1.ª ed. Florianopolis, SC: UDESC, 2018.

ROSA NETO, F.; BIANCO, C.D. Dispraxias – identificação precoce nos transtornos de desenvolvimento e aprendizagem na Educação Infantil. **Movimenta**, Goiânia, GO, v. 11, n. 3, p. 349-356, 2018.

ROSA NETO, F. *et al.* Motor development of children with attention deficit hyperactivity disorder. **Revista Brasileira de Psiquiatria**, São Paulo, SP, v. 37, n. 3, p. 228–234, jul./set. 2015.

ROSA NETO, F. **Manual de Avaliação Motora.** 1.ª ed. Florianopolis, SC: DIOESC, 2015.

ROSA NETO, F. **Manual de Avaliação Motora.** 2.ª ed. Florianopolis, SC: DIOESC, 2014.

ROSA NETO, F. *et al.* A lateralidade cruzada e o desempenho da leitura e escrita em escolares. **Revista CEFAC**, São Paulo, SP, v. 15, n. 4, jul./ago. 2013.

ROSA NETO F. *et al.* Efeitos da intervenção motora em uma criança com transtorno do espectro do autismo. **Temas sobre Desenvolvimento,** São Paulo, SP, v. 19, n. 105, p. 110-114, 2013.

ROSA NETO, F. **Desenvolvimento Neuropsicomotor do Lactente ao Ensino Fundamental**. Palhoça, SC: UNISUL, 2011.

ROSA NETO, F. *et al.* O esquema corporal de crianças com dificuldade de aprendizagem. **Psicologia Escolar e Educacional**, São Paulo, SP, v. 15, n. 1, p. 15-22, jan./jun. 2011.

ROSA NETO, F. *et al.* A Importância da avaliação motora em escolares: análise da confiabilidade da Escala de Desenvolvimento Motor. **Revista Brasileira de Cineantropometria & Desempenho Humano**, Florianópolis, SC, v. 12, n. 6, p. 422-427, 2010.

ROSA NETO, F. *et al.* Análise da consistência interna dos testes de motricidade fina da EDM - Escala de Desenvolvimento Motor. **Journal of Physical Education**, Maringá, PR, v. 21, n. 2, p. 191-197, 2.º trim. 2010.

ROSA NETO, F. *et al.* Desenvolvimento motor de crianças com indicadores de dificuldades na aprendizagem escolar. **Revista Brasileira de Ciência e Movimento**, Brasília, DF, v. 15, n. 1, p. 45-52, 2007.

ROSA NETO, F.; COSTA, S. H.; POETA, L. S._Perfil motor em escolares com problemas de aprendizagem. **Pediatria Moderna**, [*S.l.*], v. 41, p. 109-117, 2005.

ROSA NETO, F. **Manual de Avaliação Motora**. 1.ª ed. Porto Alegre, RS: Artmed, 2002.

ROSA NETO, F. **Valoración del Desarrollo Motor y su correlación con los Trastornos del Aprendizaje (Tesis doctoral)**. 1996. Tesis (Doctorado en Medicina del Deporte). Programa de Pós-Graduação em Medicina do Esporte, Departamento de Fisiatria, Faculdade de Medicina, Universidade de Zaragoza, Zaragoza, ES: UNIZAR, 1996.

SANTOS, M. C. S. *et al*. Uso da Escala de Desenvolvimento Motor: uma revisão integrativa. **Revista CEFAC**, São Paulo, SP, v. 21, n. 4, jul. 2019.

SILVA, A. Z. *et al*. Intervenção psicomotora para estímulo do desenvolvimento motor de escolares de 8 a 10 anos. **Revista Brasileira de Cineantropometria & Desempenho Humano**, [online], v. 19, n. 2, p. 150-163, 2017.

SILVA, M. N. S.; DOUNIS, A. B. Motor development profile in 9-11-year-old children from the municipal education system of Maceio, Alagoas State, presenting low school performance. **Cadernos de Terapia Ocupacional**, São Carlos, SP, v. 22, n. 1, p. 63–70, 2014.

SILVEIRA, C. R. A. *et al*. Validade de construção em testes de equilíbrio: ordenação cronológica na apresentação das tarefas. **Revista Brasileira de Cineantropometria & Desempenho Humano**, Florianópolis, SC, v. 8, n. 3, p. 66-72, 2006.

SOARES, D. B. *et al*. Influence of the physical activity on motor performance of children with learning difficulties. **Revista CEFAC**, São Paulo, SP, v. 17, n. 4, p. 1132-1142, jul./ago. 2015.

SOARES, A. M.; CAVALCANTE NETO, J. L. Avaliação do comportamento motor em crianças com transtorno do espectro do autismo: uma revisão sistemática. **Revista Brasileira de Educação Especial**, [online], v. 21, n. 3, p. 445-458, 2015.

VAYER, P. **El equilibrio corporal**. Barcelona, ES: Científico-médica, 1982.

VAYER, P.; DESTROOPER, J. **La dinámica de la acción educativa en los niños inadaptados**. Ed. Científico-médica, Barcelona, 1979.

WALLON, H. Comme se développe chez l' enfant la notion du corps proper. **Enfance**, Paris, FR, v.1, n.2, p.121-150, 1963.

A HABILIDADE MOTORA FINA COMO PRÉ-REQUISITO PARA O DESENVOLVIMENTO DA ESCRITA MANUAL

Juliana Flores

A escrita é uma importante ocupação acadêmica para a criança. É uma ferramenta de comunicação, um meio de projetar pensamentos, sentimentos e ideias. É importante para compor histórias, realizar provas escolares, escrever mensagens aos amigos e familiares, fazer números e desenvolver cálculos matemáticos (Schneck; Amundson, 2010). Mesmo no momento atual em que a tecnologia permite formas diferentes e agilidade na comunicação, a sociedade continua a empregar a escrita manual para manter registros (Bisio et al., 2016). Escrever à mão tem papel importante na organização de circuitos cerebrais (o que facilita o desenvolvimento da leitura) e está associado a vários aspectos do sucesso acadêmico (Dinehart, 2014).

A escrita manual é uma habilidade complexa que se desenvolve desde o nascimento, exigindo anos de prática. Para obter o controle preciso dos movimentos da mão e o desenvolvimento da habilidade motora fina, é necessário oferecer uma diversidade de estímulo e treino, sendo aprimorados durante toda a infância (Schneck; Amundson, 2010).

O controle neural das mãos é refinado e engloba uma grande área de representação cortical da mão, permitindo precisão de movimentos da área motora primária (giro pré-central) e somestética (giro pós-central). A área do sistema nervoso central que controla a mão é diferente daquela que controla os movimentos dos ombros, do tronco e das articulações proximais. A função do braço é posicionar a mão e da mão é agir no ambiente (Pehoski, 2006).

Além da habilidade motora fina, a escrita manual envolve outros fatores, tais como: controle postural, processamento perceptual e sensorial, planejamento motor (Schneck; Amundson, 2010). Componentes cognitivos (atenção, memória, linguagem) e psicossociais (interesse, motivação) também são aspectos importantes para o desenvolvimento da escrita manual (Rosenblum; Weiss; Parush, 2003).

Entre os 10 e 12 anos de idade, espera-se que esses fatores e as habilidades de desempenho já estejam desenvolvidas, possibilitando ao aluno realizar de forma automática a cópia e a composição da escrita, que são exigidos nas últimas séries do Ensino Fundamental. No entanto, algumas crianças continuam a apresentar dificuldades na escrita (Rueckriegel et al., 2008). Os déficits de movimento ocorrem em várias condições, incluindo paralisia cerebral, Distúrbio de Coordenação Desenvolvimento (DCD), transtorno do espectro do autismo, Síndrome de Down, distúrbios de integração sensorial, Transtorno de Déficit de Atenção e Hiperatividade e na Dislexia (O'Brien; Williams, 2010).

A dificuldade na escrita tem impacto negativo no desempenho acadêmico (Graham; Harris; Fink, 2000). Estima-se que entre 10% e 34% dos alunos apresentam dificuldades na escrita manual (Smits-Engelsman; Niemeijer; Van Galen, 2001). Estudantes com essa dificuldade podem perder oportunidades de aprendizado e ter um desempenho acadêmico inferior, causando ansiedade para a família e professores, que acompanham a dificuldade do aluno para colocar suas ideias no papel. Isso pode acarretar em frequentes frustrações, angústias e afetar a motivação para escrever (Berninger et al., 1992). O aluno do Ensino Fundamental, nas séries mais avançadas, que tem dificuldade para pegar de forma correta no lápis e escrever de forma rápida e legível, estará em desvantagem na sala de aula, pois ele perderá tempo escrevendo lentamente, podendo, eventualmente, sentir dores nas mãos, nos braços, no ombro e no pescoço. Ele poderá ficar frustrado ao ler o texto e não entender palavras, por causa da própria letra ilegível, gerando como resultado uma perda de confiança. (Rosenblum; Weiss; Parush, 2003).

A escrita manual consome grande parte do dia escolar de um estudante. McHale e Cermak (1992) registraram que entre 31% a 60% do dia escolar das crianças em idade escolar do segundo, quarto e sexto ano é alocado para atividades de habilidades motoras finas, sendo que parte dessas atividades motoras finas (85%) eram tarefas de papel e lápis, seguido por tarefas de manipulação (15%), tais como cortar e usar o computador. Após aproximadamente 25 anos, esse estudo foi replicado e ampliado (Caramia et al., 2020) no contexto educacional atual e, curiosamente, a proporção do dia escolar gasto na realização de atividades de habilidades motoras finas é quase a mesma. As crianças gastam entre 37,1% a 60,2% do dia escolar realizando atividades motoras finas, sendo que a demanda aumenta a cada série. No entanto, atualmente, o tipo de atividade aplicada de habilidades motora fina é mais manipulativo do que antes. Nesse último estudo, foi observado menos uso de tecnologia do que o esperado. Estudo similar realizado em escolas públicas e privadas no Brasil mostrou que no primeiro ano do Ensino Fundamental as crianças passam entre 37% e 57% do tempo escolar fazendo atividades de habilidades motora fina, especialmente a escrita (Nascimento; Leite; Magalhães, 2003).

A aquisição de habilidades motoras finas é um aspecto importante no desenvolvimento infantil. Elas permitem que as crianças participem de suas ocupações, isso envolve a tarefa da escrita manual. Educadores da primeira infância e terapeutas ocupacionais pediátricos se concentram no desenvolvimento de habilidades motoras finas em crianças pré-escolares, com a finalidade de aumentar a prontidão para o aprendizado da escrita manual (Marr et al., 2003).

PROCESSO DA ESCRITA

Geralmente, as crianças, quando conseguem pegar em uma ferramenta de escrita, começam a rabiscar no papel de forma desordenada, formando garatujas. À medida que a criança se desenvolve, as garatujas passam para a forma ordenadas e quando atingem um nível de consciência motora, os rabiscos começam a ter significados, depois formas e, em seguida, iniciam os traçados de cópia das letras e dos números. Para que isso aconteça, é necessário desenvolver alguns pré-requisitos que envolvem desenvolvimento da integração de processos percepto-motores e cognitivos (Cermak, 2006; Rao, 2006). Os processos cognitivos incluem planejamento executivo e uso da memória de trabalho (Rao, 2006). Os processos percepto-motores passam pelo desenvolvimento da motricidade e integração sensorial (Cermak, 2006)

Os processos percepto-motores envolvem fatores de estabilidade postural, força muscular, coordenação bilateral, planejamento motor, percepção visuoespacial, percepção visual e sistema tátil proprioceptivo e vestibular (Tabela 2). Além disso, envolve aquisição de algumas competências, tais como: cruzar linha média do corpo, dominância manual, extensão do punho, desenvolvimento do arco da mão, preensão com as pontas do dedo, preensão lateral, dissociação dos lados radial e ulnar da mão, dissociação dos dedos e preensão de força (Tabela 3) (Cermak, 2006; Rao, 2006; Schneck; Amundson, 2010).

HABILIDADES MOTORAS

A habilidade motora se refere a como o sistema nervoso central organiza, quantifica, regular e direciona os mecanismos essenciais ao movimento. A habilidade motora se divide em: motora grossa (motricidade global) e motora fina (manual). A primeira, está relacionada aos movimentos maiores, que são os primeiros a serem aprendidos como sentar, mexer a cabeça, o tronco, as pernas e os braços, andar, correr, saltar, dançar e nadar. A segunda, por sua vez, está relacionada aos músculos menores, às extremidades dos membros superiores, mãos e dedos, e realizam algumas atividades como pintura, escrita, recorte, entre outros (O'Brien; Williams, 2010).

O desenvolvimento das habilidades motoras se inicia ainda na vida uterina e envolve o crescimento físico, maturação neurológica, construção de habilidades relacionadas ao comportamento e às esferas cognitiva, afetiva, cultural e social. A primeira infância (zero a cinco anos) é a fase em que o cérebro está mais receptivo aos estímulos vindos do ambiente devido à neuroplasticidade, capacidade do cérebro de ser flexível, mutável e adaptável, proporcionando o rápido desenvolvimento das habilidades motoras (Serrano; Luque, 2015). Nesse período, principalmente no primeiro ano de vida, os marcos dos componentes motores finos, relacionados à função manual, se desenvolvem. Na Tabela 1, são descritos os marcos das habilidades manuais (Serrano; Luque, 2015; Schneck; Amundson,2010).

Tabela 1 – I Marcos da função manual nos primeiros anos de vida

Idade*	Habilidades manuais
	Alcance
0-4	Movimento e estabilização do braço e das mãos, para ter contato com o objeto; ao alcançar o objeto, pode agarrá-lo com a mão fechada, mas ainda não o solta voluntariamente. Permite a criança cruzar a linha média do corpo.
4-6	Preensão
	Leva a mão até um objeto e o segura com a mão fechada; Ao pegar o objeto desenvolve padrões de preensão;

	Soltar
	Libera de forma intencional um objeto em um momento e local específicos. Possibilita montar, construir e lançar objetos.
6-12	Carregar
	Movimento do braço no espaço com o objetivo de transportar objetos segurando com as mãos de um lugar para o outro; leva o objeto até a linha média do corpo e segura com as duas mãos. Importante para modular força e percepção espacial.
	Manipulação na mão
	Ajusta um objeto na mão depois de segurá-lo; pega objetos pequenos entre o polegar e a parte lateral do indicador; apanha e segura pequenos objetos entre o polegar e o indicador, fazendo movimento de pinça; transita um objeto de uma mão para outra. Possibilita a dissociação das musculaturas da mão.
	Coordenação bilateral
	Uso das duas mãos juntas para realizar uma atividade; leva o objeto até o local desejado usando as duas mãos (enfiar argolas, colocar objetos em caixas, virar a página de um livro, bater um objeto no outro). Possibilita que uma mão estabilize o objeto e a outra manipule.
	Maturação da função manual
12-24	Começa a mostrar preferência por uma mão, mas ainda não define a lateralidade; dissocia os dedos, usando-os de forma independente Aponta com o indicador; agarra o lápis com a mão e rabisca usando movimento do braço.
24-36	Dissocia o membro superior, fazendo movimentos separados: mão, braço e ombro; pega no lápis com as pontas dos dedos; copia traçados de linhas verticais, horizontais e círculos; constrói torres de 6 a 8 cubos; abre e fecha tesoura, podendo picotar papel.
36-48	Forte preferência pela mão dominante; estabiliza o papel para desenhar com a mão não dominante; copia cruz, triângulo e quadrado; percebe limites do desenho e tenta colorir dentro do limite; segura o lápis com o indicado e o polegar usando o terceiro dedo para apoiar, desenvolvendo a preensão madura, trípode; recorta com a tesoura linhas continuas.
48-60	Movimentos mais refinados, para fazer traçados, estabilizando ombro e antebraço, e movimentando o punho em extensão e os dedos/ uso de preensão trípode; colore dentro dos limites do desenho/; desenha figuras geométricas simples; recorta quadrados.

60-72	Define a mão dominante; desenha figuras geométricas mais complexas; movimenta punho e dedos com facilidade e precisão; utiliza força de preensão adequada, de acordo com atividade; recorta ângulos, utilizando movimentos com as duas mãos; desenvolve traçados das letras para o desenvolvimento da escrita.

Nota: *Idade em meses.

Fonte: Elaborado pela autora.

O desenvolvimento motor pode variar em cada criança, mas existe um tempo máximo considerado. Espera-se que aos três anos de idade a criança realize os marcos das habilidades manuais (Tabela 1) e que até os seis anos elas sejam aprimorados para atividades manuais mais complexas, incluindo a escrita. Esse desenvolvimento irá possibilitar pegar, manusear e aplicar a força necessária no lápis (ou outras ferramentas de escrita), estabilizar o papel para escrever e cruzar a linha média do corpo. Para que isso aconteça, é importante a aquisição dos outros fatores sensoriais, motores e de lateralidade (Tabela 2).

INTEGRAÇÃO SENSORIAL

Segundo Ayres (2008), a integração sensorial é a habilidade inata para organizar e interpretar sensações e responder apropriadamente ao ambiente. É o processamento e organização de informações sensoriais que permitem o uso funcional das atividades e ocupações desempenhadas no dia a dia. O sistema sensorial abrange: sistema tátil, vestibular, proproceptivo, gustativo, auditivo, olfativo e visual. O cérebro utiliza as informações sensoriais para dar respostas perceptivas, comportamentais e de aprendizagem (Parham; Mailloux, 2010).

Quando esses sistemas fluem de maneira organizada e integrada, cria-se um mapa do conhecimento de cada parte do corpo, de como uma parte pode se relacionar com outras partes do corpo, e todos os movimentos que elas podem realizar (Parham; Mailloux, 2010). É essencial para o desenvolvimento do planejamento das habilidades motoras finas.

Para manipular a ferramenta da escrita manual, é necessário a integração dos sistemas vestibular, visual, tátil e proprioceptivo (Tabela 2). Esses sistemas trazem informações sobre a postura do corpo, movimentos dos olhos, percepção e organização espacial entre letras e palavras. Informam o tipo de ferramenta que está utilizando e a força necessária para escrever, além de possibilitar manter-se sentado e realizar cópias de escrita. Quando existe um atraso nessas competências, a aprendizagem da escrita torna-se muito difícil e desgastante para o aluno. Podem surgir manifestações frequentes de cansaço, sobreposição de letras e palavras, saltos de linhas de pauta, além do conteúdo da escrita se tornar ilegível (Serrano; Luque, 2015; Schneck; Amundson, 2010). Essas alterações deixam a criança desmotivada e com pouca disponibilidade para o aprendizado do conteúdo.

FATORES DO DESENVOLVIMENTO DAS HABILIDADES MOTORAS FINAS

Embora os terapeutas ocupacionais e educadores, geralmente, disponham de mais atenção às questões motoras finas diante da dificuldade na escrita apresentada por uma criança, muitas dimensões do desenvolvimento, influenciam de forma significativa o uso eficaz da mão para esta atividade. O desenvolvimento das habilidades motoras finas depende de um conjunto de componentes motores e sensoriais descritos na Tabela 2.

Tabela 2 – Componentes importantes no desenvolvimento motor fino para escrita

Estabilidade Postural
Capacidade em manter a postura e equilíbrio do corpo. Na atividade de escrita, é necessário que o tronco, a cabeça, os ombros e o cotovelo estejam estáveis, assim a mão pode fazer os movimentos finos e controlados, de forma a usar a musculatura necessária para os movimentos delicados da escrita.
Força muscular
A força muscular inclui potência (força), tônus e resistência muscular. É necessário graduar força suficiente para iniciar todos os tipos de padrões de preensão e para manter esses padrões durante o levantamento e transporte de objetos. Durante a atividades de escrita manual, a força muscular possibilita estabilizar todo o corpo e pegar com força adequada no lápis.
Coordenação bilateral
Coordenar o lado direito e esquerdo do corpo e cruzar a linha média do corpo. Importante para desenvolver a dominância da mão (destro ou ambidestro). Durante a escrita, é necessário cruzar a linha média do corpo no papel, além estabilizá-lo com uma mão enquanto a outra está em movimento.

Planejamento motor	Capacidade do cérebro em responder sequências de ações motoras. Isso passa pelo processo de receber, organizar e executar a ação. Importante para desenvolver os movimentos necessários para cada letra e número; planejar o tamanho e o espaçamento entre letras, palavras e números no papel; escrever no limite da linha.
Sistema Tátil	Inclui todos os nervos que se encontram debaixo da pele e estabelece fronteira entre o corpo e o objeto. Informa que está pele está sendo tocada, discriminando o tamanho, forma, textura, temperatura. Importante para manipular e segurar de forma funcional as ferramentas da escrita, lápis, caneta.
Sistema Proprioceptivo	Considerado um sexto sentido ou sentido do movimento. Informa ao cérebro onde está cada parte do corpo e como ele se movimenta no espaço. Seus receptores estão nos músculos tendões e fornece consciência da posição, velocidade e regulação de força do corpo. Proporciona sentir com precisão o posicionamento do braço, antebraço, mão e dedos e seus movimentos para escrita. O tipo de força necessária para o uso da ferramenta que irá utilizar para escrever.
Sistema Vestibular	Detectam a força da gravidade e os movimentos de direção e velocidade da cabeça, por meio receptor nos canais semicirculares do ouvido interno e pelos otólitos. Fornece informações sobre a posição da cabeça e da sua relação gravitacional com as outras partes o corpo. Ajuda a manter estabilidade das articulações, postura, equilíbrio, controle motor, consciência espacial e estabilidade no campo visual. Importante para estabilizar e coordenar os músculos do pescoço e olhos para desenhar, copiar letras do quadro e seguir a linha no papel durante a escrita.
Sistema visual	Capacidade em controlar os movimentos dos olhos para seguir movimentos de objetos, pessoas, da própria mão, e mudar o foco do olhar. Durante a escrita, é essencial para copiar frases, desenhos e números do quadro para o caderno sem se perder, e seguir a linha no papel. Ao copiar, a criança deve visualizar a forma e o formato da letra, atribuir um significado e, em seguida, manipular uma ferramenta de escrita, para reproduzir a mesma letra. Isso engloba o visuomotor.
Percepção visuoespacial	Relação do espaço externo e objetos com o corpo. Percepção das diferenças e semelhanças espaciais das letras durante a escrita, como, por exemplo, para que lado o traço das letras e números viram (muito comuns nas letras q e g; b e d e números 6 e 9). Ajuda também a identificar os números e letras.

Fonte: Elaborado pela autora.

Os componentes pontuados na Tabela 2 precisam funcionar em conjunto, para que se possa ter estabilidade muscular e articular, principalmente, tronco, pescoço e membros superiores, assim as mãos se movimentam com maior destreza. Quando uma das competências não se desenvolve de acordo com o esperado, a criança poderá apresentar dificuldade em realizar as atividades de escrita manual de forma funcional.

O ambiente pode influenciar nos componentes da Tabela 2 e diminuir a destreza da mão necessária na atividade de escrita manual. É importante proporcionar um ambiente que facilite a realização da atividade de escrita. No Quadro 1, há uma descrição sobre o ambiente (Pollock *et al.*, 2009).

Quadro 1 – Ambiente adequado para escrita

1. Cadeira: pés apoiados no chão; articulações dos tornozelos, joelho e quadris devem estar a um ângulo de 90°; tronco alinhado contra o encosto da cadeira de forma a proporcionar estabilidade postural; cabeça alinhada com o tronco para o escaneamento visual;
2. Mesa: a altura da mesa deve estar cinco cm a cima dos cotovelos fletidos, quando sentado na cadeira; os antebraços devem ficar apoiados sobre a mesa;
3. Estímulos sensórias: devem ser minimizados ou acentuados de acordo com a necessidade de cada criança. Isso inclui luminosidade, ruídos, poluição visual e ferramentas sensoriais que proporcione estímulos proprioceptivos ou vestibulares

Fonte: Elaborado pela autora.

COMPETÊNCIAS IMPORTANTES PARA O DESENVOLVIMENTO MANUAL

Algumas competências precisam estar presentes para que a escrita manual aconteça. Elas estão descritas na Tabela 3. Essas competências proporcionam o padrão de pega no lápis e da atividade de escrita. O desenvolvimento dessas competências depende da maturação neurológica da criança e da opotunidade de vivenciar experiências de manipulação e preensão dos objetos. Requer interação de habilidades manuais, visuais e perceptovisuais (Myers, 2006).

Tabela 3 – Competências para o uso da escrita

• Cruzar linha média do corpo

- A linha média é uma linha imaginaria. Ela transcorre desde a cabeça até os pés, separando os dois lados do corpo, direito e esquerdo. Cruzar a linha média ajuda o cérebro desenvolver a lateralidade do corpo. Quando a criança cruzar a linha média com a mão dominante, informa que os dois hemisférios do cérebro estão comunicando bem e, juntos, coordenam movimentos e aprendizagem.
- Durante a escrita, interfere na postura e estabilidade do corpo. A criança que não cruza a linha média, durante a atividade de escrita, provavelmente irá rodar o tronco, deslocar-se da cadeira, virar o papel em vez de cruzar a mão na linha média.

• Dominância Manual

- Desde os primeiros meses, a criança já mostra preferência por uma mão, mas é entre os cinco e seis anos de idade que a dominância é estabelecida.
- A dominância possibilita maiores oportunidades para desenvolver a motricidade da mão. Geralmente, a mão dominante manipula pequenos objetos, as ferramentas da escrita, enquanto a outra mão estabiliza o objeto, a folha de papel.

• Extensão do punho

- Quando a criança consegue estabilizar o punho em extensão, permite o posicionamento do polegar sobre o lápis e a formação do arco da mão para que os dedos possam se movimentar livremente. Isso possibilita realizar os traçados mais firmes e delicados da escrita.
- No caso da criança que escreve com a mão esquerda, possibilita também que ela veja o que está escrevendo.

• Arco da mão

Pode-se fazer vários arcos com as mãos e dedos. Ele possibilita pegar objetos pequenos com os dedos, trazer o objeto para palma da mão, afastar os objetos da mão, para que se possa manuseá-lo com as pontas dos dedos. Possibilita desenvolver a preensão funcional de pega no lápis.

Preensão polpa polpa (com o indicador e o polegar)

Pega de objetos com a ponta do polegar e do indicador. O polegar apresenta muitos receptores sensoriais, e envia informação ao cérebro, para regular a pressão, velocidade e destreza necessária para a pega no lápis. A criança que não utiliza essa pinça, para pegar no lápis, geralmente usa o polegar na parte lateral e medial do indicador, isso pode ocasionar uma pressão forte do lápis no papel e causar dor na mão durante a escrita.

Dissociação dos lados radial e ulnar da mão

Estabilizar o lado ulnar da mão, o 4.º e 5.º dedos e, ao mesmo tempo, movimentar o lado radial, 2.º e 3.º dedos.
Na escrita, essa dissociação permite estabilizar o lado ulnar sobre o papel e deslizar sobre a linha, enquanto o lado radial se movimenta.

Dissociação dos dedos

Movimentar um objeto, utilizando dedos e palma da mão, com apenas uma mão. Os movimentos podem ser:

1. rotação (rodar um objeto para um lado e outro da mão; rodar um lápis com borracha, ente os dedos, para utilizar ora o grafite, ora a borracha);
2. translação dedo/mão/dedo (movimentar um objeto, por exemplo com uma moeda, pegar uma moeda e esconder na palma da mão; pegar a moeda da palma da mão com os dedos da mesma mão e colocar em um cofre);
3. deslocamento (movimentos de deslizar um objeto com os dedos para posicionar; segurar um lápis ao meio e deslizar até a sua ponta para escrever).

Preensão de Força

Existem mais de 25 músculos em cada mão. É necessário que eles estejam em equilíbrio para que aconteçam os movimentos. Quando alguma musculatura está mais fraca que a outra, acaba-se compensando e fazendo pega no lápis de forma não funcional, uso inadequado de força de preensão.

Fonte: Elaborado pela autora.

Essas competências proporcionam desenvolver movimentos específicos da mão e dos dedos necessários para o contato e para movimentar o lápis, de forma a ter total controle sobre ele. Com essas competências desenvolvidas, durante a escrita manual, é possível posicionar a mão, estabilizar um lado da mão e deixar a outra livre para se movimentar e realizar os traçados (Quadro 2) (Schneck; Amundson, 2010).

Quadro 2 – Posição da mão para a atividade da escrita

1. Antebraço apoiado na mesa
2. Manter o punho em leve extensão
3. Estabilizar um lado da mão (ulnar). O 4.º e 5.º dedos fletidos para estabilizar o arco metacarpofalangeal
4. Movimentar o outro lado da mão (radial). O lápis estará posicionado no lado radial da mão. O 1.º dedo (polegar) poderá se pocicionar em oponência e graduar a força necessária para a atividade, e, junto com o 2.º e 3.º dedos, ficar em posição trípode.
5. Cruzar a linha média do corpo para iniciar a escrita, que começa do lado esquerdo, cruza a linha média e termina do lado direito.

Fonte: Elaborado pela autora.

PADRÃO DE PINÇA PARA ESCRITA MANUAL

Um dos componentes identificados por professores para a dificuldade de caligrafia seria o tipo de pega no lápis (Graham *et al.*, 2008). Várias taxonomias de preensão foram propostas (Tabela 2) (Dennis; Swinth, 2001; Schneck; Henderson, 1990). Geralmente, uma preensão é identificada de acordo com o contato do dedo e o movimento com o lápis. Ao longo do desenvolvimento infantil, a criança passa por vários padrões de preensão. Ela vai mudando à medida que as competências manuais se desenvolvem. O tipo de tarefa pode influenciar o padrão de preensão. Crianças menores tendem a usar padrões mais imaturos de preensão para colorir, desenhar ou escrever. Nos padrões maduros, o movimento do lápis é produzido pelos músculos intrínsecos da mão. Em contrapartida, preensão imatura usa os músculos extrínsecos do braço, deixando os dedos em uma postura estática (Elliott; Connolly, 1984). Uma preensão imatura pode impactar na legibilidade das letras, força de preensão, velocidade de escrita, podendo ocasionar dor nas mãos, braços, ombro ou pescoço, além de trabalhos com escrita forte e letra ilegível.

Tabela 4 – Padrões de preensão

Trípode Dinâmica
· Punho em pequena extensão; · Pressão distal com oposição do polegar, indicador e dedo médio em tríade; · Espaço interdigital aberto com polegar estável; · Os dedos movem durante a escrita.
Quadrípode Dinâmica
· Punho em pequena extensão; · Preensão distal com oposição do polegar, indicador e dedo médio; · Espaço interdigital aberto com polegar estável; · Os dedos se movem durante a escrita.
Trípode estática
· Menor abertura do espaço interdigital e o polegar apresenta menos oponência; · A mão move no lugar dos dedos durante a escrita.
Quadrípode estática
· Menor abertura do espaço interdigital, ou fechado; · Usa os quatro dedos em vez de três; · A mão move no lugar dos dedos durante a escrita.

Pronada imatura

- Punho pronado;
- Segura o lápis com os dedos;
- Não há espaço interdigital;
- O braço move em vez dos dedos para escrever;
- Pode ser observado em criança de dois anos de idade.

Preensão Força

- Mão cerrada na posição neutra;
- Punho fletido;
- O braço move em vez dos dedos para escrever;
- Pode ser observado em criança de um ano de idade.

Preensão com os dedos

- Espaço interdigital colabado;
- O polegar parece instável;
- As articulações da mão parecem frouxas;
- Hiperextensão do punho.

Preensão com pinça lateral

- Espaço interdigital reduzido;
- Ausência de oponência do polegar, o polegar se posiciona na parte lateral da mão;
- Pode estar presente na preensão trípode ou quadrípode.

Fonte: Elaborado pela autora.

Na Tabela 4, estão descritos alguns tipos de preensões, apesar da trípode dinâmica ser o padrão de preensão mais utilizado por crianças acima de 7 anos de idade, o uso de padrões alternativos não indica necessariamente um problema.

Quadro 3 – Padrões de preensão

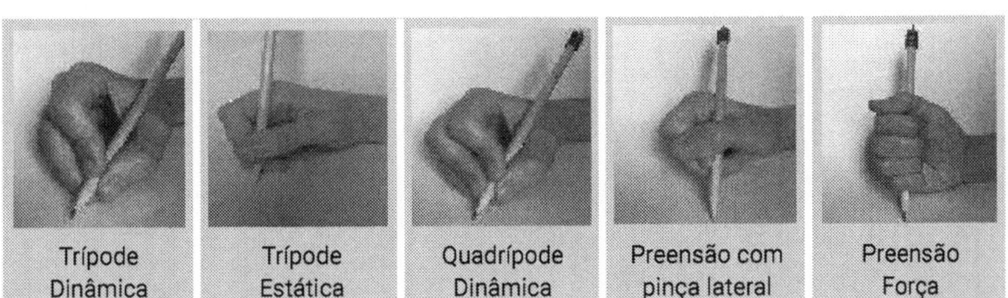

Fonte: Elaborado pela autora.

AVALIAÇÃO

A avaliação da escrita manual abrange muitos aspectos e inclui: amostras de trabalho escrito; avaliar o desempenho da criança na tarefa levando em consideração o olhar da criança, professor, família e outros membros da equipe; revisar os registros educacionais e clínicos da criança; observar diretamente a criança quando ela está escrevendo no ambiente natural (escola, casa) (Quadro 1 e 2); avaliar o desempenho real da criança na caligrafia; e avaliar quaisquer habilidade de desempenho suspeitas de interferir na escrita (Schneck; Amundson, 2010).

Dialogar com o aluno, família e educadores auxilia a compreender a dificuldade na escrita da criança a as expectativas que eles apresentam. Existe um instrumento que auxilia o terapeuta nesse aspecto, o *Here's How I Write* (HHIW) (Goldstand *et al.*, 2013). O HHIW engloba todos esses itens em um processo de autoavaliação. Ele utiliza a abordagem centrada no paciente e incorpora tanto a visão do professor quanto da criança, que é envolvida, ajudando a identificar as dificuldades e a definir metas de intervenção, além de promover o aprendizado e a motivação para melhorar a escrita (Alves *et al.*, 2018; Alves *et al.*, 2019).

Existem instrumentos que avaliam as habilidades de desempenho, incluindo habilidades motoras, habilidades de integração visual-motora (Quadro 4) (Chien; Brown; McDonald, 2010). No entanto, alguns desses instrumentos ainda não foram adaptados para a população e para a cultura do Brasil.

Quadro 4 – Instrumentos de avaliação motora fina

- *Peaboy Developmental Motor Scales- PMDS-2* (Folio; Fewell, 2000). Motor grosso e fino. Nascimento- Idade:83 meses
- *Bruininks-Oseretsky Test of Motor Proficiency* BOT-2 (Bruininks; Bruininks, 2005) Motor grosso e Motor fino. Idade 4.5-14.5
- *Movement Assessment Battery for children 2-* (Henderson; Sugden; Barnett, 2007). Motor grosso, motor fino e equilíbrio. Idade: 3-16 anos
- *Beery-Buktenica Developmental Test of Visual-Motor Integration- VMI* (Beery, Buktenica; Beery, 2010). Controle visuomotor por meio de cópias de desenhos. Idade: 2.99 anos

Fonte: Elaborado pela autora.

A observação clínica também é uma forma de avaliar os movimentos e a escrita. Durante a observação clínica, pode-se registrar os movimentos das mãos da criança, de acordo com a Tabela 3, pedindo a ela que manipule objetos como: pegar moedas; transpor (translação) moedas da mão para os dedos e dos dedos para a mão; rodar (rotação) e deslizar (deslocamento) o lápis com os dedos; fazer torre com cubos; amassar, fazer "cobra" e bolinhas com a massinha. Pode-se também pedir para copiar uma pequena frase no papel, fazer um desenho e registrar os movimentos de cada membro do corpo, estabilidade postural, uso bimanual e o padrão de preensão (Tabela 4).

INTERVENÇÃO

O motivo mais comum para o encaminhamento de crianças no período escolar para terapia ocupacional pediátrica são as dificuldades nas habilidades motoras finas, especificamente, nas tarefas de escrita manual (Schneck; Amundson, 2010). Os profissionais de terapia ocupacional pediátrica realizam intervenções com a criança para melhorar o desempenho ocupacional na atividade e participação. Este profissional intervém na tarefa, no padrão de pega no lápis e cada componente e competência envolvidas. Intervém no ambiente de estudo e da escola tornando o espaço facilitador. Além disso, o terapeuta ocupacional orienta a família e os educadores para que possam intervir juntos.

Ao implementar intervenções de escrita, antes de ensinar a tarefa como um todo, ou mudar o padrão de pega no lápis, o terapeuta ocupacional intervém em cada um dos componentes ou competências necessárias (Clark, 2011).

CONSIDERAÇÕES FINAIS

A escrita, antes de se transformar em uma forma de linguagem é, basicamente, uma coordenação de movimentos finos e precisos que depende do controle motor grosso e fino, competências sensoriais e corporais.

Quando a criança alcança essas habilidades, ela está pronta para realizar a escrita. Aos seis anos de idade é esperado que a criança alcance a maturação dos fatores citados nas tabelas desse capítulo e esteja pronta para iniciar os traçados da escrita. Mesmo assim, a escrita continua a ser desenvolvida até os doze anos de idade, quando ela se torna automática e seus traçados passam a ser uma identidade do indivíduo. É fundamental que as crianças aprendam a escrever automaticamente para realizar a extensa composição escrita exigida nas últimas séries do ensino fundamental. Quando o aluno não apresenta dificuldade na escrita, ele pode se concentrar em outros aspectos importantes, como escolher e soletrar palavras, construir frases e organizar o pensamento para compor textos escritos de forma legíveis.

REFERÊNCIAS

ALVES, J. F. M.; VAN PETTEN, A. M. V. M.; CARDOSO A. A.; MAGALHÃES, L. C. Transcultural Adaptation of the Here's How I Write Assesssment Tool for Brazil Children. In: CARDOSO, M. H., CAPELLINI, S. A. (eds). Handwriting and Dysgrafia: Relation and Assessment. New York: Nova Science Pub Inc., 2018. p. 17-32.

ALVES, J. F. M.; VAN PETTEN, A. M. V. M.; CERMAK, S. A.; MAGALHÃES, L. C. Evaluation of the Reliability and Validity of the Brazilian Version of the Here's How I Write: A Child's Self-Assessment and Goal Setting Tool. American Journal of Occupational Therapy, v. 73, n. 2, p. 1-10, 2019. DOI: 10.5014/ajot.2019.025387

AYRES, A. J. La integración sensorial en los niños: Desafíos sensoriales ocultos. Madrid: TEA Ediciones, 2008.

BERNINGER, V.; YATES, C.; CARTWRIGHT, A.; RUTBERG, J.; REMY, E.; ABBOTT, R. Lower-level developmental skills in beginning writing. Reading and Writing, v. 4, p. 256-280, 1992. DOI: 10.1007/BF01027151.

BEERY, K.; BEERY, N. The Beery Buktenica developmental test of visual motor integration. Texas: Pearson, 2010.

BRUININKS, R. Bruininks B. Bruininks–Oseretsky test of motor proficiency. 2. ed. Minneapolis: NCS Pearson, 2005.

BISIO, A.; PEDULLÀ, L.; BONZANO, L.; RUGGERI, P.; BRICHETTO, G.; BOVE, M. Evaluation of Handwriting Movement Kinematics: From an Ecological to a Magnetic Resonance Environment. Frontiers Human Neuroscience, v. 10, p. 1-9, 2016. DOI: 10.3389/fnhum.2016.00488.

CARAMIA, S.; GILL, A.; OHL, A.; SCHELLY, D. Fine Motor Activities in Elementary School Children: A Replication Study. American Journal of Occupational Therapy, v. 74, n. 2, 2020. DOI: 10.5014/ajot.2020.035014.

CERMAK, S. A. Perceptual Functions of the Hand. In: HENDERSON, A.; PEHOSKI, C (org.). Hand Function in the Child. St. Louis, United States: Mosby/Elsevier, 2006. p. 63-88.

CLARK, G. F. Occupational Therapy Services in Early Childhood and School-Based Settings. American Journal of Occupational Therapy, v. 65, n. 6, p. 46-54, 2011. DOI: 10.5014/ajot.2011.65S46.

CHIEN, C. W.; BROWN, T.; MCDONALD, R. Examining content validity and reliability of the Assessment of Children's Hand Skills (ACHS): A preliminary study. American Journal of Occupational Therapy, v. 64, p. 756-767, 2010. DOI: 10.5014/ajot.2010.08158.

DENNIS, J. L.; SWINTH, Y. Pencil grasp and children's handwriting legibility during different-length writing tasks. American Journal of Occupational Therapy, v. 55, p. 175-183, 2011. DOI: 10.5014/ajot.55.2.175.

DINEHART, L. Handwriting in early childhood education: Current research and future implications. Journal of Early Childhood Literacy, v. 15, v. 1, p. 1-22, 2014. DOI: 10.1177/1468798414522825.

ELLIOTT, J. M.; CONNOLLY, K. J. A classification of manipulative hand movements. Developmental Medicine and Child Neurology, v. 26, p. 283-296, 1984. DOI: 10.1111/j.1469-8749.1984.tb04445.

FOLIO, R.; FEWELL, R. Peabody Developmental Motor Scales-2. Austin: TX: Pro-Ed., 2000.

GOLDSTAN, S.; GAVIR, D.; CERMAK, S. A.; BISSELL, J. **Here`s How I Write**: A Child's Self Assessment of Handwriting and Goal Setting Tool: Improving Handwriting Abilities. School-Aged Children. Framinghan, MA: Therapro, 2013.

GRAHAM, S.; HARRIS, K. R.; FINK, B. Is handwriting causally related to learning to write? Treatment of handwriting problems in beginning writers. **Journal of Educational Psychology**, v. 92, n. 4, p. 620-633, 2000. DOI: https://doi.org/10.1037/0022-0663.92.4.620.

GRAHAM, S.; HARRIS, K. R.; MASON, L.; FINK-CHORZEMPA, B.; MORAN, S.; SADDLER, B. How do primary grade teachers teach handwriting? **A national survey. Reading and Writing**, 21, 49–69, 2008. DOI: 10.1007/s11145-007-9064-z.

HENDERSON, S. E.; SUGDEN, D. A.; BARNETT, A. L. **Movement Assessment Battery for Children-2**. 2. ed. [Movement ABC-2]. London: The Psychological Corporation, 2007.

MARR, D.; CERMAK, S.; COHN, E. S.; HENDERSON, A. Fine motor activities in Head Start and kindergarten classrooms. **American Journal of Occupational Therapy**, v. 57, p. 550-557, 2003. DOI: 10.5014/ajot.57.5.550.

MCHALE, K.; CERMAK, S. A. Fine motor activities in elementary school: Preliminary findings and provisional implications for children with fine motor problems. **American Journal of Occupational Therapy**, v. 46, p. 898-903, 1992. DOI: 10.5014/ajot.46.10.898.

MYERS, C. A. A Fine Motor Program For Preschoolers. In: HENDERSON, A.; PEHOSKI, C. (org.). Hand Function in the Child. St. Louis, United States: Mosby/Elsevier, 2006. p. 267-289.

NASCIMENTO, V. S.; LEITE, W. D.; MAGALHÃES, L. C. Coordenação motora fina em crianças na idade escolar: demandas da sala de aula. Temas sobre Desenvolvimento, v. 21, n. 69, p. 33-39, 2003.

O'BRIEN, J.; WILLIAMS H. Application of Motor Control/Motor Learning to Practice. In: CASE-SMITH, J.; O'BRIEN, J. (eds.). Occupational Therapy for Children. 6. ed. St. Louis: Mosby/Elsevier, 2010. p. 245-274.

PARHAM L. D.; MAILLOUX Z. Sensory Integration. In: CASE-SMITH, J.; O'BRIEN, J. (eds.). Occupational Therapy for Children. 6. ed. St. Louis: Mosby/Elsevier, 2010. p. 325-372.

PEHOSKI, C. Cortical Control Of Hand-Object Interaction. In: HENDERSON, A., PEHOSKI, C. (org.). Hand Function in the Child. St. Louis, United States: Mosby/Elsevier, 2006. p. 3-20.

POLLOCK, N.; LOCKHART, J.; BLOWES, B.; SEMPLE, K.; WEBSTER, M.; FARHAT, L.; BRUNETTI, S. Handwriting assessment protocol. 2. ed. Hamilton: McMaster University, 2009.

RAO, A. K. Cognition and motor skills. In: HENDERSON, A.; PEHOSKI, C. (eds.). Hand function in the child. St. Louis: Mosby/Elsevier, 2006. p. 101-115.

ROSENBLUM, S.; WEISS, S. P. L.; PARUSH, S. Product and process evaluation of handwriting difficulties: A review. Educational Psychology Review, v. 15, n. 1, p. 41-81, 2003. DOI: 10.1023/A:1021371425220.

RUECKRIEGEL, S. M.; BLANKENBURG, F.; BURGHARDT, R.; EHRLICH, S.; HENZE, G.; MERGL, R.; HERNÁIZ, D. P. Influence of age and movement complexity on kinematic hand movement parameters in childhood and adolescence. Int J Dev Neurosci, v. 26, n. 7, p. 655-663, 2008. DOI: 10.1016/j.ijdevneu.2008.07.015.

SCHNECK, C. M.; HENDERSON, A. Descriptive analysis of the developmental progression of grip position for pencil and crayon control in nondysfunctional children. American Journal of Occupational Therapy, v. 44, p. 893-900, 1990. DOI: 10.5014/ajot.44.10.893.

SCHNECK, C.; AMUNDSON, S. Prewriting and writing. In: CASE-SMITH, J.; O'BRIEN, J. (eds.). Occupational Therapy for Children. 6. ed. St. Louis: Mosby/Elsevier, 2010. p. 555-582.

SERRANO, P.; LUQUE, C. A Criança e a Motricidade Fina. Lisboa. Papa Letras, 2015.

A DISGRAFIA EM SUJEITOS COM DISLEXIA

Natália Lemes dos Santos

Bianca dos Santos

RESUMO

Este capítulo tem por objetivo apresentar, baseado na literatura, os problemas de escrita manual (Disgrafia) em coocorrência com a Dislexia e as possíveis justificativas. A Disgrafia pode acometer escolares de ambos os sexos e escolares com e sem dificuldades de aprendizagem, transtornos de aprendizagem e Dislexia. De acordo com estudos, os escolares com Dislexia do Desenvolvimento apresentam maior número de alterações na grafia em relação aos escolares com bom desempenho acadêmico.

OBJETIVO

Este capítulo tem por objetivo apresentar, baseado na literatura, os problemas de escrita manual (Disgrafia) em coocorrência com a Dislexia e as possíveis justificativas.

DEFINIÇÃO

A Disgrafia pode acometer escolares de ambos os sexos e escolares com e sem dificuldades de aprendizagem, transtornos de aprendizagem e Dislexia (Cardoso; Capellini, 2016; Mogasale *et al.*, 2012; Sumner; Connelly; Barnett, 2012; Okuda *et al.*, 2011). Um estudo realizado por Martins *et al.* (2013) apontou que, de acordo com estudos internacionais, há uma prevalência entre a Disgrafia e a Dislexia.

O Manual Diagnóstico e Estatístico de Transtornos Mentais – DSM -V (APA, 2014) classifica a Disgrafia como "distúrbio de aprendizagem específico com deficiência na expressão escrita" e apresenta como manifestações:

- Dificuldade na expressão escrita (persistência de 6 meses);
- Desempenho inferior na habilidade escrita quando comparado ao esperado para a idade cronológica (qualidade da formação da letra, alinhamento, espaçamento de letras e palavras e dimensionamento) e velocidade de escrita reduzida;
- Dificuldade no desempenho escolar e/ou profissional em atividades diárias;
- Confirmação da Disgrafia por meio de avaliação clínica completa com medidas de desempenho padronizadas.

As dificuldades quanto à competência da caligrafia durante o período escolar têm efeitos negativos de longo alcance sobre o sucesso acadêmico e a autoestima das crianças (Feder; Majnemer, 2007), o que faz com que elas evitem as atividades relacionadas à escrita, sendo essa atitude considerada, aos olhos dos pais e professores, um comportamento opositor que gera conflitos em casa e na escola (Racine *et al.*, 2008).

Estas dificuldades ainda não são consideradas como um critério diagnóstico de qualquer transtorno do neurodesenvolvimento (Lam *et al.*, 2011). No entanto, ao considerar a Disgrafia em coocorrência a outros distúrbios da aprendizagem, nota-se uma prevalência da Dislexia. (Martins *et al.*, 2013). O Departamento de Educação de Hong Kong (Hksar, 2002) inclui a deficiência em caligrafia como um dos principais déficits funcionais na Dislexia do Desenvolvimento (Ho *et al.*, 2004)

A Dislexia é caracterizada por diferenças de processamentos individuais que acarretam dificuldades no início da alfabetização, afetando a aquisição da leitura, da escrita e da ortografia. Podem também ocorrer falhas nos processos cognitivos, fonológicos e /ou visuais (Reid, 2016).

Os achados neurológicos da Dislexia incluem discrepância bilateral no tamanho do plano temporal; deficiência no desenvolvimento da dominância do hemisfério esquerdo; e anormalidades citoarquitetônicas no plano temporal esquerdo durante a migração finaldos neurônios – dano fetal (Galaburda; Kemper, 1979).

No Manual Diagnóstico e Estatístico de Transtornos Mentais – DSM-V (APA, 2014), a Dislexia está inserida em uma categoria denominada "Transtornos do Neurodesenvolvimento", sendo chamada de "Transtorno Específico de Aprendizagem". Porém, a simples presença de um ou mais sintomas não significa que o escolar tenha Dislexia, uma vez que estes podem ser decorrentes de fatores variados, o que inclui deficiência intelectual, por exemplo, síndromes neurológicas, transtornos psiquiátricos, problemas emocionais e fatores de ordem socioambiental.

De acordo com autores (Ellis, 1995; Germano *et al.*, 2014; Santos; Capellini, 2020), a Dislexia é dividida em três subtipos: fonológico, visual e misto. Sendo a Dislexia fonológica caracterizada principalmente por dificuldade na leitura oral de palavras e mecanismo de conversão grafema-fonema; a Dislexia visual por erros visuais que comprometem diretamente o desempenho de leitura decorrentes de falhas no processamento visual e a Dislexia mista quando o escolar apresenta o déficit dos dois tipos, fonológico e visual.

ESCRITA MANUAL

Apesar dos avanços tecnológicos trazerem *smartphones* e *tablets*, que são utilizados para comunicação, ainda assim, a escrita manual é parte fundamental do processo educacional (Šafárová *et al.*, 2020). A escrita manual é considerada uma tarefa funcional usada para a comunicação e a recodificação de pensamentos e experiências (Ziviani; Wallen, 2006).

Ainda na Educação Infantil, a criança compreende que os seus pensamentos e experiências pessoais podem ser expressos por escrito (Keifer, 2015). A partir do momento em que a criança começa a ler, ela passa a reconhecer as letras isoladamente e compreende que essas letras fazem o registro de um conteúdo, sendo, então, capaz de aprender a registrar as formas da letra (Luria, 1988). Para que a criança consiga se expressar pela escrita adequadamente, é necessário o desenvolvimento adequado da linguagem oral e da habilidade fonológica (Cardoso, 2019; Skrsypcsak; Fanez, 2018).

Apesar da escrita manual parecer uma tarefa fácil, ela é considerada uma habilidade complexa (Chang; Yu, 2013), que integra diferentes zonas cerebrais (Schirmer; Fontoura; Nunes, 2004), habilidades percepto-visuais (Tsai; Wilson; Wu, 2008), habilidades motoras e habilidade cognitivas (Anderson *et al.*, 2001), as quais são fundamentais, conjuntamente com a propriocepção táctil e a memória de trabalho, para a aquisição e o aprimoramento da escrita (Stevenson; Just, 2014; Vinci-Booher; James; James, 2016).

Nesse sentido, a escrita manual requer instruções formais desde o início da alfabetização (Bosga-Stork; Bosga; Meulenbroek, 2015) para o desenvolvimento e aprimoramento de todas essas habilidades (Coppede; Okuda; Capellini, 2012).

Considerando a idade, a escrita manual torna-se automática e organizada por volta dos 8-9 anos de idade (Overvelde; Hulstijn 2011). Nesse momento, entende-se que os escritores já são capazes de armazenar imagens do alfabeto e das palavras na memória, transcrever as letras utilizando processos motores e ajustar o movimento motor de acordo com o *input* visual (Datchuk; Kubina, 2012).

A literatura aponta que as crianças passam maior parte do tempo em sala de aula realizando tarefas que envolvem escrita (McHale; Cermak, 1992). Por isso, aspectos como precisão do traçado das letras e tempo para a execução da tarefa são características que devem ser considerados importantes à produção escrita (Damasceno; Avila; Arnaut, 2015), pois a velocidade de escrita é fundamental na vida escolar, para que o escolar transfira suas ideias para o papel e mantenha seus pensamentos por um determinado tempo (Rosenblum; Parush; Weiss, 2003).

É importante sabermos que cerca de 10 a 30% dos escolares apresentam dificuldade em acompanhar o desenvolvimento da escrita (Feder; Majnemer 2007). Sabe-se que o volume de trabalho aumenta conforme o aumento da seriação escolar e que a dificuldade em escrita manual pode ocasionar baixa autoestima, diminuição da motivação para atividades que envolvem a escrita (Feder; Majnemer, 2007; Lange *et al.*, 2007; Falk *et al.*, 2011; Van Hoorn *et al.*, 2010; Martins *et al.*, 2013).

A prevalência de dificuldade na expressão com a escrita manual em escolares pode ser justificada devido a defasagem das habilidades percepto-visomotoras (Howe *et al.*, 2017; BO *et al.*, 2014), o que interfere na qualidade da caligrafia (Maldarelli *et al.*, 2015) e na velocidade de escrita (Brown; Link, 2016).

DISLEXIA E DISGRAFIA

Os escolares disléxicos apresentam desempenho inferior aos escolares com bom desempenho acadêmico em relação às tarefas de escrita manual - velocidade e a precisão na caligrafia (Cheng-Lai *et al.*, 2013; Lam *et al.*, 2011).

Escolares com diagnóstico de Dislexia apresentam taxa de produção de escrita mais lenta quando comparados aos escolares sem dificuldades de aprendizagem (Martlew, 1992). O estudo de Cardoso, Santos e Capellini (2018) indica que escolares com Dislexia produzem mais palavras ilegíveis do que os escolares típicos.

Os escolares com Dislexia do desenvolvimento apresentam maior número de alterações na grafia em relação aos escolares com bom desempenho acadêmico (Fusco; Germano; Capellini 2015; Cappelini; Coppede; Valle, 2010; Crawford; Dewey, 2008; Ferretti; Mazzotti; Brizzolara, 2008) nos subitens da Escala de Disgrafia (Lorenzini, 1993).

Os aspectos pontuados na Escala de Disgrafia (Lorenzini, 1993) dos escolares com Dislexia do desenvolvimento foram linhas ascendentes/descendentes, espaço irregular entre as palavras, curvaturas a angulações das arcadas dos M, N, U, V, pontos de junção, colisões e aderências, irregularidade de dimensões e más formas (Fusco; Germano; Capellini, 2015). Estas características são consideradas determinantes do quadro de Disgrafia (Caraciki, 2008).

Entre os achados estão as seguintes descrições de alterações: déficits em habilidades motoras finas em termos de escrita com presença de alterações de traçado em tarefas de cópia (Nicolson; Fawcett, 2011), dificuldades na coordenação bimanual e destreza manual que justificariam a ocorrência da Disgrafia nesta população (Capellini; Souza, 2008; Ciasca; Capellini; Tonelotto, 2003; Summer; Larkin; Dewey, 2008).

Estudos realizados com escolares com Dislexia apontou que além desses escolares apresentam alteração de linguagem oral, consciência fonológica e ortografia, eles também apresentam um mal traçado de letra, classificado como Disgrafia (Berninger *et al.*, 2016; Gosse; Reybroeck, 2019).

Em relação à velocidade de escrita, os escolares com Dislexia também apresentam uma velocidade alterada e, de acordo com Coalla, Martinez-Garcia e Cuetos (2017), quanto mais familiaridade com a palavra e seus componentes o escolar tiver, melhor será sua velocidade de escrita e atém mesmo de leitura, o que mostra que a frequencialidade da palavra pode impactar diretamente no desempenho de escrita manual de escolares com Dislexia.

CONSIDERAÇÕES FINAIS

Neste capítulo, descrevemos as principais definições de Dislexia e Disgrafia, bem como quais são os achados na literatura sobre a coocorrência destes transtornos, ou seja, quando eles ocorrem juntos.

Entretanto, é possível observar que ainda são escassos os estudos que se propõem a investigar a Disgrafia em escolares diagnosticados com Dislexia, principalmente estudos que investiguem a intervenção da habilidade de escrita manual para esta população. Destacamos a importância dos professores trabalharem a escrita manual em sala de aula, visto sua importância na atualidade, além de acompanhar o desenvolvimento dessa habilidades nos escolares, principalmente no período de transição da letra de forma para a letra cursiva.

A estimulação adequada das habilidades percepto-visomotoras em escolares com Dislexia pode melhorar a qualidade da escrita manual, habilidades estas preditoras para o desenvolvimento da escrita, sendo então necessários mais estudos que investiguem a ocorrência destes transtornos e indicações de como intervir, uma vez que, de acordo com os achados e com este capítulo, os escolares com Dislexia têm em sua maioria a Disgrafia em coocorrência.

REFERÊNCIAS

ANDERSON, V. A.; ANDERSON, P.; NORTHAM, E.; JACOBS, R.; CATROPPA, C. Development of executive functions through late childhood and adolescence in an Australian sample. **Developmental neuropsychology**, v. 20, n. 1, p. 385-406, 2001. DOI: 10.1207/S15326942DN2001_5.

APA. American Psychiatric Association. **Diagnostic and statistical manual of mental health disorders**. DSM-IV. Washington DC, 2013.

BERNINGER, V.; ABBOTT, R.; COOK, C. R.; NAGY, W. Relationships of attention and executive functions to oral language, reading, and writing skills and systems in middle childhood and early adolescence. **Journal of learning disabilities**, v. 50, n. 4, p. 434-449, 2016. DOI: 10.1177/0022219415617167.

BO, J.; COLBERT, A.; LEE, C. M.; SCHAFFERT, J.; OSWALD, K.; NEILL, R. Examining the relationship between motor assessments and handwriting consistency in children with and without probable developmental coordination disorder. **Research in developmental disabilities**, v. 35, n. 9, p. 2035-2043, 2014. DOI: https://doi.org/10.1016/j.ridd.2014.04.027.

BOSGA-STORK, I. M.; BOSGA, J.; MEULENBROEK, R. G. (2015). Dysgraphic handwriting development and inclusive education: the role of interdisciplinary counseling. **Open Journal of Social Sciences**, v. 3, n. 08, p. 35-47, 2015. DOI: http://dx.doi.org/10.4236/jss.2015.38003.

BROWN, T.; LINK, J. The association between measures of visual perception, visual-motor integration, and in-hand manipulation skills of school-age children and their manuscript handwriting speed. **British Journal of Occupational Therapy**, v. 79, n. 3, p. 163-171, 2016. DOI: https://doi.org/10.1177/0308022615600179.

CAPELLINI, S. A.; SOUZA, A. V. Avaliação da função motora fina, sensorial e perceptiva em escolares com Dislexia do desenvolvimento. *In:* SENNYEY, A. L.; CAPOVILLA, F. C.; MONTIEL, J. M. **Transtornos de aprendizagem**: da avaliação à reabilitação. São Paulo: Artes Médicas, 2008. p. 55-64.

CAPELLINI, S. A.; COPPEDE, A. C.; VALLE, T. R. Função motora fina de escolares com Dislexia, distúrbio e dificuldades de aprendizagem. **Pró-fono revista de atualização científica**, v. 22, n. 3, p. 201-208, 2010. DOI: https://doi.org/10.1590/S0104-56872010000300008.

CARDOSO, M. H. **Análise da escrita manual de escolares do ensino fundamental**: elaboração de um protocolo de avaliação educacional. Orientador: Simone Aparecida Capellini. 2019. 114f. Tese (Doutorado em Educação) – Faculdade de Filosofia e Ciências, Universidade Estadual Paulista "Júlio de Mesquita", Marília – SP, 2019.

CARDOSO, M. H.; CAPELLINI, S. A. Identificação e caracterização da Disgrafia em escolares com dificuldades e transtornos de aprendizagem. **Distúrbios da Comunicação**, v. 28, n. 1, p. 27-37, 2016.

CARDOSO, M. H.; DOS SANTOS, N. L.; CAPELLINI, S. A. The speed and legibility of handwriting in dyslexic students. **Handwriting and Dysgrafia: Relation and Assessment**, p. 111-130, 2018.

CHANG, S. H.; YU, N. Y. Handwriting movement analyses comparing first and second graders with normal or dysgraphic characteristics. **Research in developmental disabilities**, v. 34, n. 9, p. 2433-2441, 2013. DOI: 10.1016/j.ridd.2013.02.028

Cheng-Lai, A.; Li-Tsang, C. W.; Chan, A. H.; Lo, A. G. Writing to dictation and handwriting performance among Chinese children with dyslexia: Relationships with orthographic knowledge and perceptual-motor skills. **Research in developmental disabilities**, v. 34, n. 10, p. 3372-3383, 2013. DOI: https://doi.org/10.1016/j.ridd.2013.06.039.

CIASCA, S. M.; CAPELLINI, S. A.; TONELOTTO, J. M. F. Distúrbios específicos de aprendizagem. In: CIASCA, S. M. Distúrbios de aprendizagem: proposta de avaliação interdisciplinar. São Paulo: Casa do Psicólogo, 2003. p. 55-65.

COPPEDE, A. C.; OKUDA, P. M. M.; CAPELLINI, S. A. Desempenho de escolares com dificuldades de aprendizagem em função motora fina e escrita. Journal of Human Growth and Development, v. 22, n. 3, p. 297-306, 2012. DOI: http://dx.doi.org/10.7322/jhgd.46379.

CRAWFORD, S. G.; DEWEY, D. Co-occurring disorders: a possible key to visual perceptual deficits in children with developmental coordination disorder?. Human movement science, v. 27, n. 1, p. 154-169, 2008. DOI: https://doi.org/10.1016/j.humov.2007.09.002.

DAMASCENO, E. S. S.; DE AVILA, C. R. B.; ARNAUT, M. A. Correlações entre o traçado da escrita manual e o desempenho ortográfico de escolares do Fundamental I. Distúrbios da Comunicação, v. 27, n. 4, p. 819-830, 2015.

DATCHUK, S. M.; KUBINA, R. M. A review of teaching sentence-level writing skills to students with writing difficulties and learning disabilities. Remedial and Special Education, v. 34, n. 3, p. 180-192, 2013. DOI: 10.1177/0741932512448254.

ELLIS, A. W. Leitura, escrita e Dislexia: uma análise cognitiva. Artes Médicas, 1995.

FALK, T. H.; TAM, C.; SCHELLNUS, H.; CHAU, T. On the development of a computer-based handwriting assessment tool to objectively quantify handwriting proficiency in children. Computer methods and programs in biomedicine, v. 104, n. 3, e102-e111, 2011. DOI: https://doi.org/10.1016/j.cmpb.2010.12.010.

FEDER, K. P.; MAJNEMER, A. Handwriting development, competency, and intervention. Developmental Medicine & Child Neurology, v. 49, n. 4, p. 312-317, 2017. DOI: https://doi.org/10.1111/j.1469-8749.2007.00312.x

FERRETTI, G.; MAZZOTTI, S.; BRIZZOLARA, D. A. N. I. E. L. A. Visual scanning and reading ability in normal and dyslexic children. Behavioural Neurology, v. 19, n. 2, p. 87-92, 2008. DOI: https://doi.org/10.1155/2008/564561.

FUSCO, N.; GERMANO, G. D.; CAPELLINI, S. A. Efficacy of a perceptual and visual-motor skill intervention program for students with dyslexia. CoDas, v. 27, n. 2, p. 128-134, 2015. DOI: https://doi.org/10.1590/2317-1782/20152014013.

GALABURDA, A. M.; KEMPER, T. L. Cytoarchitectonic abnormalities in developmental dyslexia: a case study. Annals of Neurology: Official Journal of the American Neurological Association and the Child Neurology Society, v. 6, n. 2, p. 94-100, 1979. DOI: https://doi.org/10.1002/ana.410060203.

GERMANO, G. D.; REILHAC, C.; CAPELLINI, S. A.; VALDOIS, S. The phonological and visual basis of developmental dyslexia in Brazilian Portuguese reading children. Frontiers in psychology, v. 5, n. 1169, 2014. DOI: https://doi.org/10.3389/fpsyg.2014.01169.

GOSSE, C.; VAN REYBROECK, M. Do children with dyslexia present a handwriting deficit? Impact of word orthographic and graphic complexity on handwriting and spelling performance. Research in Developmental Disabilities, v. 97, n. 103553, 2019. DOI: https://doi.org/10.1016/j.ridd.2019.103553.

Ho, C.S.-H.; Chan, D.W.-O.; Lee, S.-H.; Tsang, S.-M.; Luan, V. H. Cognitive profiling and preliminary subtyping in Chinese developmental dyslexia. Cognition, v. 91, p. 43–75, 2004. DOI: https://doi.org/10.1016/S0010-0277(03)00163-X.

HONG KONG. Understanding and help students with special educational needs: A guide to teaching. Education Department, 2002. Disponível em: https://www.

edb.gov.hk/attachment/en/about-edb/publications-stat/publication/sen_guide_e.pdf. Acesso em: 20 abr. 2002.

HOWE, T. H.; CHEN, H. L.; LEE, C. C.; CHEN, Y. D.; WANG, T. N. The Computerized Perceptual Motor Skills Assessment: A new visual perceptual motor skills evaluation tool for children in early elementary grades. Research in Developmental Disabilities, v. 69, p. 30-38, 2017. DOI: https://doi.org/10.1016/j.ridd.2017.07.010.

KEIFER, J. J. (2015). Handwriting and fine motor skill development in the kindergarten classroom. Advisor: Michelle Bauml. 2015. 45 p. Dissertation (Master of Education) – Faculty of the College of Education, University of Oklahoma Norman, Oklahoma, 2015.

LAM, S. S.; AU, R. K.; LEUNG, H. W.; LI-TSANG, C. W. Chinese handwriting performance of primary school children with dyslexia. Research in developmental disabilities, v. 32, n. 5, p. 1745-1756, 2011. DOI: http://dx.doi.org/10.1016/j.ridd.2011.03.001.

LANGE, K. W.; TUCHA, L.; WALITZA, S.; GERLACH, M.; LINDER, M.; TUCHA, O. Interaction of attention and graphomotor functions in children with attention deficit hyperactivity disorder. Neuropsychiatric Disorders An Integrative Approach, p. 249-259, 2007. DOI: 10.1007/978-3-211-73574-9_31.

LORENZINI, M. V. Uma escala para detectar a Disgrafia baseada na escala de Ajuriaguerra. Orientador: Maria da Piedade Resende da Costa. 1993. 145 f. Dissertação (Mestrado em Educação Especial) – Centro de Pós-Graduação em Educação Especial, Universidade Federal de São Carlos, São Carlos – SP, 1993.

LURIA, A. R. (1988). O desenvolvimento da escrita na criança. In: VIGOTSKI, L.; LURIA, A.; LEONTIEV, A (eds.). Linguagem, desenvolvimento e aprendizagem. São Paulo: Universidade São Paulo, 1988. p. 143-190.

MALDARELLI, J. E.; KAHRS, B. A.; HUNT, S. C.; LOCKMAN, J. J. Development of early handwriting: Visual-motor control during letter copying. Developmental psychology, v. 51, n. 7, p. 879-888, 2015. DOI: https://doi.org/10.1037/a0039424.

MARTINS, M. R. I.; BASTOS, J. A.; CECATO, A. T.; ARAUJO, M. D. L. S.; MAGRO, R. R.; ALAMINOS, V. Screening for motor dysgraphia in public schools. Jornal de Pediatria (versão em português), v. 89, n. 1, p. 70-74, 2013. DOI: 10.1016/j.jped.2013.02.011.

MARTLEWM, M. Handwriting and spelling: Dyslexic children's abilities compared with children of the same chronological age and younger children of the same spelling level. British Journal of Educational Psychology, v. 62, n. 3, p. 375-390, 1992. DOI: https://doi.org/10.1111/j.2044-8279.1992.tb01030.x.

MCHALE, K.; CERMAK, S. A. Fine motor activities in elementary school: Preliminary findings and provisional implications for children with fine motor problems. American Journal of Occupational Therapy, v. 46, n. 10, p. 898-903, 1992. DOI: https://doi.org/10.5014/ajot.46.10.898.

MOGASALE, V. V.; PATIL, V. D.; PATIL, N. M.; MOGASALE, V. Prevalence of specific learning disabilities among primary school children in a South Indian city. The Indian Journal of Pediatrics, v. 79, n. 3, p. 342-347, 2012. DOI: 10.1007/s12098-011-0553-3.

NICOLSON, R. I.; FAWCETT, A. J. Dyslexia, dysgraphia, procedural learning and the cerebellum. Cortex, v. 47, n. 1, p. 117-127, 2011. DOI: 10.1016/j.cortex.2009.08.016.

OKUDA, P. M. M.; PINHEIRO, F. H.; GERMANO, G. D.; PADULA, N. A. D. M. R.; LOURENCETTI, M. D.; SANTOS, L. C. A. D.; CAPELLINI, S. A. (2011). Função motora fina, sensorial e perceptiva de escolares com transtorno do déficit de atenção com hiperatividade. Jornal da Sociedade Brasileira de Fonoaudiologia, v. 23, n. 4, p. 351-357, 2011. DOI: http://dx.doi.org/10.1590/S2179-64912011000400010.

OVERVELDE, A.; HULSTIJN, W. Handwriting development in grade 2 and grade 3 primary school children with normal, at risk, or dysgraphic characteristics. Research in developmental disabilities, v. 32, n. 2, p. 540-548, 2011. DOI: 10.1016/j.ridd.2010.12.027.

RACINE, M. B.; MAJNEMER, A.; SHEVELL, M.; SNIDER, L. Handwriting performance in children with attention deficit hyperactivity disorder (ADHD). Journal of Child Neurology, v. 23, n. 4, p. 399-406. 2008. DOI: https://doi.org/10.1177/0883073807309244.

REID, G. Dyslexia: A practitioner's handbook. John Wiley & Sons, 2016..

ROSENBLUM, S.; PARUSH, S.; WEISS, P. L. Computerized temporal handwriting characteristics of proficient and non-proficient handwriters. American Journal of occupational therapy, v. 57, n. 2, p. 129-138, 2003. DOI: https://doi.org/10.5014/ajot.57.2.129.

ŠAFÁROVÁ, K.; MEKYSKA, J.; ZVONCÁK, V.; GALÁŽ, Z.; FRANCOVÁ, P.; CECHOVÁ, B.; ROSENBLUM, S. Psychometric Properties of Screening Questionnaires for Children With Handwriting Issues. Frontiers in Psychology, v. 10, n. 2937, 2020. DOI: https://doi.org/10.3389/fpsyg.2019.02937.

SANTOS, B.; CAPELLINI, S. A. Compreendendo os Transtornos da Aprendizagem: Compreendendo a Dislexia. Ribeirão Preto: Booktoy, 2020.

SCHIRMER, C. R.; FONTOURA, D. R.; NUNES, M. L. Distúrbios da aquisição da linguagem e da aprendizagem. Jornal de pediatria, v. 80, n. 2, p. 95-103, 2004. DOI: http://dx.doi.org/10.1590/S0021-75572004000300012.

SKRSYPCSAK, D.; FANEZ, M. N. Psicomotricidade E Sua Relação Com A Dificuldade De Aprendizagem Na Aquisição Da Escrita. DI@LOGUS, v. 7, n. 3, p. 15-31, 2018.

STEVENSON, N. C.; JUST, C. In early education, why teach handwriting before keyboarding?. Early Childhood Education Journal, v. 42, n. 1, p. 49-56, 2014. DOI: https://doi.org/10.1007/s10643-012-0565-2.

SUÁREZ-COALLA, P.; MARTÍNEZ-GARCÍA, C.; CUETOS, F. Morpheme-based reading and writing in Spanish children with dyslexia. Frontiers in psychology, v. 8, n. 1952, 2017. DOI: 10.3389/fpsyg.2017.01952.

SUMMERS, J.; LARKIN, D.; DEWEY, D. Activities of daily living in children with developmental coordination disorder: dressing, personal hygiene, and eating skills. Human movement science, v. 27, n. 2, p. 215-229, 2008. DOI: https://doi.org/10.1016/j.humov.2008.02.002.

SUMNER, E.; CONNELLY, V.; BARNETT, A. L. Children with dyslexia are slow writers because they pause more often and not because they are slow at handwriting execution. Reading and Writing, v. 26, n. 6, p. 991-1008, 2013. DOI: http://dx-.doi.org/10.1007/s11145-012-9403-6.

TSAI, C. L.; WILSON, P. H.; WU, S. K. Role of visual–perceptual skills (non-motor) in children with developmental coordination disorder. Human movement science, v. 27, n. 4, p. 649-664, 2007. DOI: 10.1016/j.humov.2007.10.002.

VAN HOORN, J. F.; MAATHUIS, C. G.; PETERS, L. H.; HADDERS-ALGRA, M. I. J. N. A. Handwriting, visuomotor integration, and neurological condition at school age. Developmental Medicine & Child Neurology, v. 52, n. 10, p. 941-947, 2010. DOI: https://doi.org/10.1111/j.1469-8749.2010.03715.x.

VINCI-BOOHER, S.; JAMES, T. W.; JAMES, K. H. Visual-motor functional connectivity in preschool children emerges after handwriting experience. Trends in Neuroscience and Education, v. 5, n. 3, p. 107-120, 2016. DOI: http://dx.doi.org/10.1016/j.tine.2016.07.006.

ZIVIANI, J.; WALLEN, M. The development of graphomotor skills. In: HENDERSON, A.; PEHOSKI, C. (eds.). Hand Function in the Child: Foundations for Remediation. 2. ed. St Louis, MO: Mosby Elsevier, 2006. p. 217-238.

OPINIÃO DE PROFESSORES SOBRE A ESCRITA CALIGRÁFICA DE ESCOLARES DISLÉXICOS

Giseli Donadon Germano

Noemi Del Bianco

Ilaria D'Angelo

Catia Giaconi

Simone Aparecida Capellini

INTRODUÇÃO

A Dislexia se refere às diferenças de processamentos individuais, caracterizados por dificuldades que são apresentadas logo no início da alfabetização, comprometendo aquisição da leitura, da escrita caligráfica e da ortografia, além do fato de que também podem ocorrer falhas nos processos cognitivos, fonológicos e/ou visuais (Reid, 2016). Deste modo, a Dislexia pode ser entendida como um perfil mais abrangente e heterogêneo, já que as dificuldades vão além da leitura (Menghini *et al.*, 2010).

Em relação à Disgrafia, ela é definida como uma dificuldade na produção da linguagem escrita relacionada à mecânica da escrita (Hamstra-Bletz; Blöte, 1993; Rosenblum *et al.*, 2004), tendo como manifestações uma caligrafia lenta e alterações de legibilidade, como déficit no tamanho inconsistente das letras, viradas agudas nas letras, escrita irregular e instável, bem como mudanças repentinas no tamanho e direção da escrita das letras.

A escrita é uma das ferramentas básicas de comunicação em nossa sociedade. No entanto, não há muita pesquisa sobre como produzimos a linguagem escrita, ainda mais com escolares disléxicos.

Döhla e Heim (2016) descreveram que a Disgrafia do desenvolvimento é um transtorno caracterizado por dificuldades na aquisição de habilidades de escrita, com desempenho de escrita abaixo do esperado com base no nível de classe dos alunos. Está intimamente relacionada à Dislexia do desenvolvimento, um transtorno na aquisição de habilidades de leitura, e como a Disgrafia do desenvolvimento, apesar de habilidades visuais, escolares e outras cognitivas adequadas. A prevalência de transtornos do desenvolvimento da escrita é de cerca de 7% a 15% entre os alunos em idade escolar.

Como a escrita manual ou escrita caligráfica faz parte do dia a dia dos escolares, alterações de escrita caligráfica podem acarretar prejuízos acadêmicos. Assim, este capítulo tem como objetivo caracterizar os aspectos de escrita manual, a partir da opinião dos professores de escolares disléxicos.

PROCEDIMENTOS METODOLÓGICOS

Este estudo foi realizado após aprovação do Comitê de Ética em Pesquisa da Universidade Estadual Paulista/UNESP sob o protocolo número 1.841.638 e todos os participantes apresentaram o termo de consentimento. Participaram deste estudo 59 escolares com Dislexia do desenvolvimento, de ambos os sexos, de 3.º ao 5.º anos do Ensino Fundamental I.

Como procedimentos foram utilizados:

Questionário de Proficiência da Escrita (Rosenblum, 2008): O questionário foi traduzido para o Português Brasileiro (Germano; Giaconi; Capellini, 2016), sendo composto por dez itens desenvolvidos com objetivo de identificar dificuldades de escrita com base na observação do professor. O questionário foi entregue aos professores dos escolares participantes para o preenchimento. Os itens avaliados foram legibilidade (LEG), tempo de desempenho (DES), bem-estar físico e emocional (BFE). A pontuação foi realizada pela escala *Likert*, com variação de 0 (nunca) para 4 (sempre), sendo a pontuação final somada. A confiabilidade e validade do questionário foram estabelecidas (Rosenblum, 2008) e a pontuação de 14 foi determinada como ponto de corte para caracterizar escrita manual deficitária, ou seja, a classificação de Disgrafia a partir do questionário (CL_Q).

Escala de Disgrafia (Lorenzini, 1993): Os escolares foram submetidos à cópia de um bilhete, em folha em branco e usando lápis. Essa Escala é composta por dez itens de avaliação (presença de linhas flutuantes; linhas ascendentes/ descendentes; espaço irregular entre as palavras; letras retocadas; curvatura das angulações das arcadas dos M, N, U, V; pontos de junção; colisões e aderências; movimentos bruscos; irregularidade de dimensões e más formas). O critério de pontuação utilizado para análise da qualidade da escrita variou de zero a 17 pontos, sendo considerado como padrão de escrita disgráfica o escolar que obteve nota igual ou superior a 8,5 pontos, ou seja, a classificação de Disgrafia a partir da escala (CL_E). A análise foi realizada por fonoaudiólogos do Laboratório dos Desvios de Aprendizagem (LIDA/UNESP – Marília, SP).

RESULTADOS

Os resultados foram analisados estatisticamente usando o Programa *Statistical Package for the Social Sciences (SPSS)*, em sua versão 20.0. Os resultados estatísticos foram analisados no nível de significância de 5% (0,05), discriminado com asterisco nas tabelas referentes aos resultados.

O Gráfico 1 apresenta a distribuição da frequência das respostas para cada questão apresentadas pelos professores em relação ao questionário.

Gráfico 1 – Distribuição de porcentagem para Legibilidade (LG), tempo de desempenho (DES) e bem-estar físico e emocional (BFE) dos escolares disléxicos

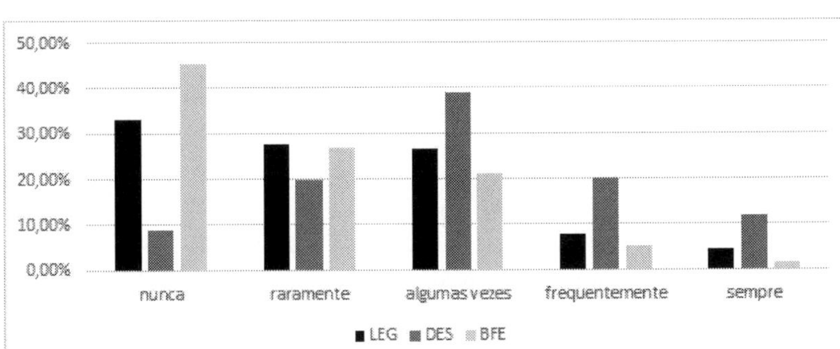

Fonte: Elaborado pelas autoras.

Em relação aos indicadores no domínio de legibilidade (LEG), a maioria dos professores não apresentou queixa em relação à legibilidade da escrita do escolar disléxico, não foram relatados pelos professores a dificuldade dos escolares disléxicos quanto a leitura de sua própria escrita e se o escolar se mostrava satisfeito com a sua escrita.

Em relação ao domínio tempo de desempenho (DES), os professores referiram presença de erros na escrita e na falta dos escolares com Dislexia e a necessidade de olhar para a lousa ou livro mais vezes enquanto estes escolares realizavam a cópia.

Em relação aos indicadores nos domínios bem-estar físico e emocional (BFE), os professores não apresentaram queixas quanto a presença de dores ou cansaço para os escolares com Dislexia escreverem.

Em relação à classificação do desempenho na escrita caligráfica, a partir do questionário aplicado, é possível verificar no Gráfico 2 a presença ou ausência de escrita disgráfica nos escolares com Dislexia segundo a opinião dos professores.

Gráfico 2 – Distribuição de porcentagem a classificação da escrita caligráfica segundo a opinião dos professores

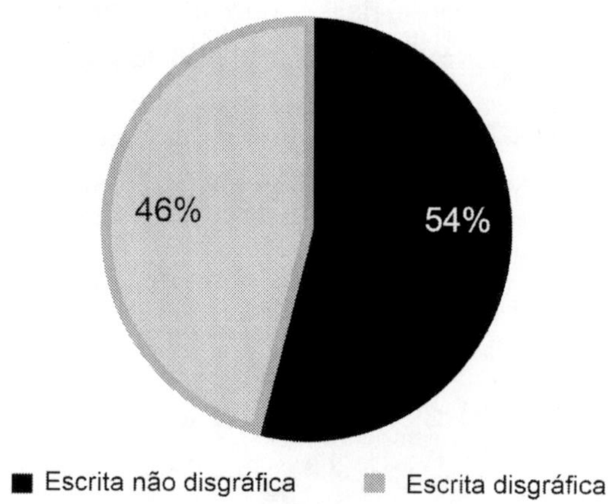

Fonte: Elaborado pelas autoras.

Em relação à classificação, a partir da opinião dos professores, a maioria dos escolares com Dislexia (54%) não preencheram critério para a Disgrafia.

Entretanto, o Gráfico 3 apresenta a classificação escrita disgráfica e escrita não disgráfica a partir da pontuação da Escala de Disgrafia.

Gráfico 3 – Distribuição de porcentagem a classificação da escrita caligráfica de segundo a Escala de Disgrafia

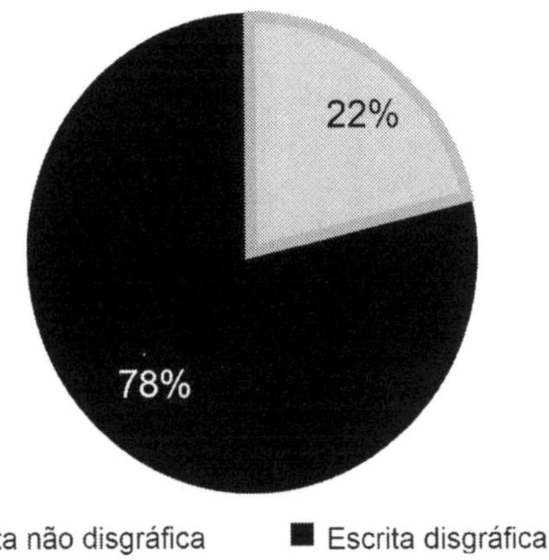

Fonte: Elaborado pelas autoras.

Os resultados apresentados no Gráfico 3 revelaram que a maioria dos escolares com Dislexia preencheram critérios para a qualidade de escrita disgráfica (78%).

Como os resultados foram discrepantes, foi realizada uma análise de concordância entre o questionário, que apresenta a opinião de professores, e a Escala de Disgrafia, baseada em critérios de legibilidade. Foi realizada a aplicação do *Teste Exato de Fisher* e do *Teste da Estatística Kappa*, com o intuito de verificarmos a concordância entre ambas as variáveis de interesse:

Tabela 1 – Análise de concordância entre a classificação do Questionário e Escala de Disgrafia

Questionário	Escala de Disgrafia		Total	Valor de p	Concordância
	Escrita disgráfica	Escrita não-disgráfica			
não disgráfico	9	23	32	$p = 0{,}181$	$k = 0{,}126$ $p = 0{,}219$
	15,30%	39,00%	54,20%		
disgráfico	4	23	27		
	6,80%	39,00%	45,80%		
Total	13	46	59		
	22,00%	78,00%	100,00%		

Fonte: Elaborado pelas autoras.

Conforme esperado, foi possível verificar na Tabela 1, que não ocorreu diferença significante quando comparadas a opinião dos professores e a análise da qualidade de escrita dos escolares com Dislexia deste estudo.

Analisando estes resultados, podemos levantar os seguintes questionamentos: 1) não há uma preocupação específica por parte dos professores na observação do desenvolvimento da escrita caligráfica dos escolares, nem com desenvolvimento típico, tão pouco de escolares com Dislexia ou 2) não há conhecimento dos professores em como observar e analisar o desenvolvimento da escrita caligráfica e isto provavelmente deve ter sido o responsável pela discrepância encontrada neste estudo entre a opinião dos professores e a análise da escrita caligráfica.

DISCUSSÃO

Estes resultados permitem-nos observar a incoerência entre as classificações dos procedimentos preenchidas pelos professores e as realizadas a partir da pontuação da Escala. Na opinião dos professores, a maioria dos escolares disléxicos foram classificados como apresentando uma escrita não disgráfica, enquanto que na aplicação da Escala, os resultados revelaram que a maioria dos escolares apresentaram qualidade de escrita disgráfica.

Mediante aos resultados encontrados neste estudo, ressaltamos há uma dificuldade dos professores na caracterização de escritas disgráficas, especialmente em relação à legibilidade. Segundo Feder e Majnemer (2007), para a identificação de uma escrita disgráfica, é necessário que sejam observadas as seguintes características: formação de letras, espaçamento, tamanho, inclinação e/ou alinhamento podem afetar a legibilidade da caligrafia.

Entretanto, esta observação da escrita caligráfica exige capacitação e treinamento e a falta de conhecimento e observância das características durante o desenvolvimento da escrita dos escolares durante a escolarização, pode levar de fato a não identificação e caracterização de uma escrita disgráfica pelo professor, fazendo com que a sua observação seja discrepante dos achados encontrados na aplicação de procedimentos de avaliação específicos, conforme evidenciado nos resultados da aplicação da Escala de Disgrafia.

Pagliarini et al. (2015) também indicaram que escolares com Dislexia, que não são proficientes na escrita caligráfica, produzem escrita de baixa qualidade devido ao formato e espaçamento das letras variáveis. Mais especificamente, seu produto de caligrafia é caracterizado por apresentar maior variabilidade de tamanho, alinhamento, organização espacial, maior tempo de escrita com o lápis no ar, maior tempo de pausa durante o toque da escrita no papel, um aumento no número de mudanças direcionais das características das letras (hastes, semicírculos, círculos e laço) e diminuição da velocidade da escrita.

Um ponto importante de discussão diz respeito aos próprios escolares com Dislexia que não reconhecem suas dificuldades na escrita manual e podem apresentar falhas na percepção dos movimentos das letras ou sobre a qualidade de suas produções de escrita caligráfica.

O planejamento motor influencia a capacidade do escolar planejar, sequenciar e executar formas de letras e ordenação de letras em palavras. A capacidade de planejamento motor é particularmente importante quando o escolar aprende a escrever, pois está implicada em sua capacidade de realizar movimentos novos ou desconhecidos. Deste modo, o planejamento motor é um bom preditor de legibilidade em caligrafias (Feder; Majnemer, 2007).

Para além destas considerações acima, é importante destacar que os professores não têm conhecimento suficiente sobre as habilidades envolvidas na produção da escrita e suas possíveis alterações. Isto é extremamente importante, pois se considerarmos que a escrita manual é usada a maior parte do tempo em atividades de sala de aula, o conhecimento do traçado das letras e como ensiná-las pode ser decisivo para o bom desempenho em escrita caligráfica dos escolares, independentemente de apresentarem ou não a qualidade de escrita disgráfica.

A escrita caligráfica é uma importante ocupação para os escolares durante o dia a dia da sala de aula, pois o uso de papel e da escrita é uma parte comum e frequente. Para os escolares, a capacidade de produzir escrita fluente e legível é importante para expressar, comunicar e memorizar ideias, bem como para o desenvolvimento educacional.

Rosenblum, Weiss e Parush (2004) avaliaram a caligrafia de alunos disgráficos e destacaram que o problema da escrita disgráfica é o fato dos escolares não apresentarem uma produção de letras totalmente automatizada. Portanto, os escolares com padrão de escrita disgráfica têm uma demanda aumentada em sua memória e atenção enquanto escrevem. Consequentemente, os processos cognitivos de nível superior são limitados. Como limitação adicional, esses autores descrevem o fato de que os alunos podem esquecer os planos guardados na memória antes de serem capazes de escrevê-los no papel devido à caligrafia lenta.

Esse déficit pode levar a sérias consequências para o processo acadêmico dos escolares, seu bem-estar emocional e sua função social. Rosenblum, Weiss e Parush (2004) confirmam as características da escrita disgráfica, como a qualidade consistentemente inferior das características individuais da escrita espacial. Isso inclui tamanho de letra inconsistente, curvas agudas nas letras, escrita irregular e instável, bem como mudanças repentinas no tamanho e na direção da escrita das letras.

Dificuldades caligráficas também foram descritas em estudos brasileiros sobre dificuldades de aprendizagem desenvolvido por Germano et al. (2013) e Fusco et al. (2015). Alterações no processo de aprendizagem do traçado da escrita manual muitas vezes levam a mau desempenho escolar. Estudo descreve que as habilidades de percepção visual e habilidades de integração visomotora são fatores cruciais, ou preditores para prever o desempenho de escrita, incluindo tanto a legibilidade e velocidade (Poon et al., 2010).

Além disso, a maioria dos estudos referentes aos quadros de Dislexia e transtornos de aprendizagem estão relacionados com a alteração no desempenho acadêmico, sendo escassos estudos nacionais sobre as alterações de escrita manual destas populações.

No entanto, estudos indicam a presença de alterações em habilidades motoras (Getchell et al., 2007) e visomotoras (Feretti; Mazzotti; Brizzolara, 2008). Resultados de estudos têm demonstrado que a população disléxica tem dificuldades de coordenação bimanual, destreza manual e habilidades motoras finas, o que poderia explicar a ocorrência de Disgrafia nesta população (Capellini; Souza, 2008; Germano et al., 2013).

Entretanto, estes apontamentos devem ser explorados em estudos futuros que associam avaliações de percepção visomotora e de função motora fina a aplicação da Escala de Disgrafia e a opinião dos professores sobre a qualidade de escrita de escolares disléxicos.

CONSIDERAÇÕES FINAIS

Os achados apresentados neste capítulo nos permitem concluir que há uma discrepância entre as opiniões dos professores sobre a escrita manual e o preenchimento de critérios para a escrita disgráfica, observado na Escala de Disgrafia em relação ao questionário.

Estes resultados apontam para a necessidade de orientação e capacitação específica aos professores sobre a qualidade da escrita manual tanto de escolares com desenvolvimento típico em aprendizagem como de escolares disléxicos.

REFERÊNCIAS

CAPELLINI, S. A.; SOUZA, A. V. Avaliação da função motora fina, sensorial e perceptiva em escolares com dislexia do desenvolvimento. *In:* SENNYEY, A. L.; CAPOVILLA, F. C.; MONTIEL, J. M. **Transtornos de aprendizagem**: da avaliação à reabilitação. São Paulo: Artes Médicas, 2008. p. 55-64.

DÖHLA, D.; HEIM, S. Developmental dyslexia and dysgraphia: What can we learn from the one about the other?. **Frontiers in psychology**, v. 6, p. 2045, 2016.

FACOETTI, A.; LORUSSO, M. L.; PAGANONI, P.; CATTANEO, C.; GALLI, R.; UMILTÀ, C.; MASCETTI, G. G. Auditory and visual automatic attention deficits in developmental dyslexia. **Cognitive brain research**, v. 16, n. 2, p. 185-191, 2003.

FEDER, K. P.; MAJNEMER, A. Handwriting development, competency, and intervention. **Developmental Medicine & Child Neurology**, v. 49, n. 4, p. 312-317, 2007.

FERRETTI, G.; MAZZOTTI, S.; BRIZZOLARA, D. Visual scanning and reading ability in normal and dyslexic children. **Behavioural Neurology**, v. 19, n. 1-2, p. 87-92, 2008.

FUSCO, N.; GERMANO, G. D.; CAPELLINI, S. A. Eficácia de um programa de intervenção percepto-visomotora para escolares com dislexia. **CoDAS**, v. 27, n. 2, p. 128-134, 2015.

GERMANO, G. D.; PINHEIRO, F. H.; OKUDA, P. M. M.; CAPELLINI, S. A. Percepção visomotora de escolares com transtorno do déficit de atenção com hiperatividade. *In:* **CoDAS**, v. 25, n. 4, p. 337-341, 2013.

CAPELLINI, S. A.; GIACONI, C.; GERMANO, G. D. Parents and teachers opinion about learning skills: Comparison between brazilian and italian dyslexic's students. **Dyslexia: Perspectives, Challenges and Treatment Options**, p. 91-98, 2016.

GETCHELL, N.; PABREJA, P.; NEELD, K.; CARRIO, V. Comparing children with and without dyslexia on the movement assessment battery for children and the test of gross motor development. **Perceptual and motor skills**, v. 105, n. 1, p. 207-214, 2007. DOI: 10.2466/pms.105.1.207-214.

HAMSTRA-BLETZ, L.; BLÖTE, A. W. A longitudinal study on dysgraphic handwriting in primary school. **Journal of learning disabilities**, v. 26, n. 10, p. 689-699, 1993.

LORENZINI, M. V. **Uma escala para detectar a Disgrafia baseada na escala de Ajuriaguerra**. Orientador: Maria da Piedade Resende da Costa. 1993. 145 f. Dissertação (Mestrado em Educação Especial) – Centro de Pós-Graduação em Educação Especial, Universidade Federal de São Carlos, São Carlos – SP, 1993.

MENGHINI, D.; FINZI, A.; BENASSI, M.; BOLZANI, R.; FACOETTI, A.; GIOVAGNOLI, S.; RUFFINO, M.; VICARI, S. Different underlying neurocognitive deficits in developmental dyslexia: a comparative study. **Neuropsychologia**, v. 48, n. 4, p. 863-872, 2010.

PAGLIARINI, E.; GUASTI, M. T.; TONEATTO, C.; GRANOCCHIO, E.; RIVA, F.; SARTI, D.; MOLTENI, B.; STUCCHI, N. Dyslexic children fail to comply with the rhythmic constraints of handwriting. **Human Movement Science**, v. 42, p. 161-182, 2015.

POON, K. W.; LI-TSANG, C. W. P.; WEISS, T. P. L.; ROSENBLUM, S. The effect of a computerized visual perception and visual-motor integration training program on improving Chinese handwriting of children with handwriting difficulties. **Research in developmental disabilities**, v. 31, n. 6, p. 1552-1560, 2010.

REID, G. **Dyslexia**: A practitioner's handbook. John Wiley & Sons, 2016.

ROSENBLUM, S.; WEISS, P. L.; PARUSH, S. Product and process evaluation of handwriting difficulties. **Educational psychology review**, v. 15, n. 1, p. 41-81, 2003.

ROSENBLUM, S. Development, reliability, and validity of the Handwriting Proficiency Screening Questionnaire (HPSQ). **The American Journal of Occupational Therapy**, v. 62, n. 3, p. 298-307, 2008.

CARACTERIZAÇÃO DOS ASPECTOS RELACIONADOS À COORDENAÇÃO MOTORA EM ESCOLARES COM SINAIS DE RISCO PARA DISLEXIA

Marilia Piazzi Seno

Simone Aparecida Capellini

RESUMO

A Disgrafia é um transtorno da expressão escrita manual que pode coocorrer com transtornos específicos da aprendizagem. Este estudo teve como objetivo caracterizar os aspectos relacionados à coordenação motora em escolares com sinais de risco para Dislexia apresentando os resultados da aplicação de um questionário em professores do 1.º e 2.º anos do Ensino Fundamental I e evidenciando a importância da avaliação desses aspectos como forma de identificação da Dislexia.

INTRODUÇÃO

A habilidade da escrita está diretamente relacionada à maioria das atividades escolares, sendo que, de acordo com a literatura (Chang, 2014), em 30 a 60% do período diário da escola são realizadas tarefas motoras finas, consistindo principalmente de atividades de escrita manual/caligrafia.

A Disgrafia é um transtorno da expressão escrita, que resulta em habilidades de escrita abaixo do esperado para a idade, relacionada à legibilidade (qualidade da formação da letra, alinhamento e espaçamento de letras e palavras, dimensionamento das letras) e à velocidade reduzida (taxa de produção) (Okuda *et al.*, 2011; Feder; Majnemer, 2007; Shen; Lee; Chen, 2012).

Estima-se que a prevalência de dificuldades quanto à escrita manual varie entre 10% e 30% (Feder; Majnemer, 2007; Kushki *et al.*, 2011), sendo manifestada como escrita ilegível, velocidade da escrita lenta, relato de dor ou desconforto durante a atividade e sem qualquer patologia intelectual ou somática (Overelde *et al.*, 2011).

Para o desempenho da adequada caligrafia, é exigido controle motor fino, integração visomotora, planejamento motor, propriocepção, percepção visual, atenção sustentada e consciência sensorial dos dedos, e que, alterações em uma ou mais dessas funções podem ocasionar falhas no desenvolvimento da habilidade escrita (Martins *et al.*, 2013; Feder; Majnemer, 2007).

Alterações nos componentes cognitivos e motores relacionados ao processo de escrita podem causar modificações na organização perceptiva, estruturação espaço temporal e interiorização do esquema corporal, o que podem resultar, neste processo, em alterações na capacidade de integração visoperceptiva, desordens topológicas, postura corporal anormal, dificuldade em segurar o lápis e, consequentemente, grafismo lento e fatigante (Rodrigues; Ciasca, 2011). Crianças com transtornos do desenvolvimento da coordenação demonstram estas características, visto que apresentam problemas com a produção escrita, especialmente na formação de letras, independentemente da idade (Prunty; Barnett, 2020).

Embora as dificuldades na habilidade de escrita manual ainda não sejam consideradas um critério diagnóstico de um transtorno do neurodesenvolvimento (Lam *et al.*, 2011), nota-se a prevalência de alterações nessa habilidade nos casos de Dislexia quando comparada a outros quadros de transtornos de aprendizagem (Martins *et al.*, 2013).

Pesquisas referiram que escolares com diagnóstico de Dislexia apresentam dificuldades na coordenação bimanual, destreza manual e nas habilidades motoras finas, justificando a ocorrência da disgrafia (Capellini; Souza; 2008; Chu, 1997; Summers; Larkin; Dewey, 2008). Ferreira *et al.* (2003) referiram que não é incomum encontrar a Dislexia e Disgrafia numa só criança, já que podem estar presentes em coocorrência.

De acordo com o DSM-5 (2014), os transtornos comumente comórbidos com o transtorno do desenvolvimento da coordenação incluem transtorno da fala e da linguagem; transtorno específico da aprendizagem (em especial na leitura e na escrita); problemas de desatenção, incluindo TDAH (a condição comórbida mais frequente, com cerca de 50% de concomitância); transtorno do espectro autista; problemas comportamentais disruptivos e emocionais; e síndrome da hipermobilidade articular.

Estudos indicaram que em escolares com dificuldades de aprendizagem as alterações motoras podem ocorrer devido a uma série de fatores ambientais que contribuem parao atraso no desenvolvimento do sistema nervoso central e suas Funções Executivas (memória e atenção), aumentando a probabilidade de déficits no desenvolvimento motor (Trevisan; Coppede; Capellini, 2008; Siqueira; Gurgel-Giannetti, 2011).

Na presença de dificuldades de aprendizagem, há maior probabilidade das funções práxicas e gnósicas estarem alteradas comprometendo a destreza, a velocidade de manipulação de objetos, exatidão do movimento, a postura da mão e as habilidades de escrita e, consequentemente, as tarefas funcionais como abotoar, usar tesoura, manusear moedas, lápis e escrever (Summers *et al.*, 2008; Rosenblum, Aloni; Josman, 2010).

O transtorno de aprendizagem é conhecido como uma desordem neurobiológica do processamento cognitivo e da linguagem causado por um funcionamento cerebral atípico. Como consequência dessa disfunção, a forma como esses indivíduos processam e adquirem informações é diferente do funcionamento das crianças com desenvolvimento típico (Policy *et al.*, 2008; Wu; Huang; Meng, 2008). Acomete entre 3% e 15% (Moll; Landerl, 2009; Fluss *et al.*, 2008) das crianças em idade escolar apesar da inteligência normal, da ausência de problemas sensoriais ou neurológicos, da instrução pedagógica adequada e de oportunidades socioculturais suficientes. Alguns sinais de risco para o transtorno podem ser percebidos ainda na fase pré-escolar (Pestun; Ciasca; Gonçalves, 2006).

Segundo Coppede, Okuda e Capellini (2012) evidenciaram, a avaliação da função motora fina, sensorial e perceptiva é um elemento importante para o diagnóstico clínico e educacional. Isso sugere que aspectos qualitativos das habilidades motoras finas, sensoriais e perceptivas refletem a integridade e a maturidade do sistema nervoso central e podem, provavelmente, exercer um importante papel no diagnóstico precoce de desordens do desenvolvimento e, consequentemente, prevenir desordens acadêmicas como o desempenho na escrita.

Quando pensamos na possibilidade de identificação de alterações relacionadas aos transtornos da aprendizagem ou aos transtornos da coordenação motora, os professores ocupam uma posição privilegiada considerando que a sala de aula é um ambiente rico em diversidade e composta por escolares da mesma faixa etária e do mesmo meio sociocultural, o que permite a comparação no desenvolvimento dos pares.

Nesse capítulo foram apresentados resultados parciais de uma pesquisa (Seno, 2021) que teve como objetivo caracterizar os aspectos relacionados à coordenação motora em escolares do 1.º e 2.º anos do Ensino Fundamental I com sinais de risco para Dislexia.

METODOLOGIA

Este estudo foi registrado na Plataforma Brasil/CEP-CONEP, sob n.º CAAE 74647117.8.0000.5406 e aprovado pelo Comitê de Ética em Pesquisa da Faculdade de Filosofia e Ciências da Universidade Estadual Paulista – CEP/FFC/UNESP – Marília/SP em 23 de novembro de 2017.

PARTICIPANTES

Participaram 140 professores da rede pública e privada de ensino de um município do interior paulista que lecionavam para escolares do 1.º e 2.º anos do Ensino Fundamental I, com idades de 5 anos e 6 meses a 8 anos.

Os critérios de inclusão foram: 1. ser professor de escolares do 1.º ou 2.º anos do Ensino Fundamental I; 2. ter concordado em participar da pesquisa assinando o Termo de Consentimento Livre e Esclarecido (TCLE) e 3. lecionar há pelo menos dois meses para os alunos da classe atual; e de exclusão: não se julgar suficientemente apto para responder às questões relativas ao desenvolvimento dos escolares.

PROCEDIMENTO

Para garantir a diversidade dos dados e a fidedignidade da coleta foram selecionadas, por meio de sorteio, cinco instituições privadas, cinco públicas estaduais e 15 públicas municipais. A coleta foi realizada utilizando-se um questionário construído anteriormente, que envolveu três etapas: elaboração dos itens; validação de conteúdo por juízes e estudo piloto e que fora considerado apto para aplicação com fins científicos.

Os participantes foram orientados a preencher o campo do questionário relacionado aos aspectos motores, composto por 9 sentenças interrogativas, no qual assinalaram em uma escala Likert a alternativa mais apropriada relacionada à frequência de cada comportamento (Figura 1). Para tanto, deveriam considerar somente os alunos que consideravam de risco para a Dislexia tendo como base os dados contidos num panfleto com orientações específicas sobre o conceito do transtorno e suas principais manifestações.

Para análise dos resultados, considerou-se que quanto maior a somatória dos pontos, menor o risco para a Dislexia. Os itens apresentados na forma negativa tiveram sua escala invertida.

As variáveis qualitativas estão descritas pela distribuição de frequência absoluta (N) e relativa (%). As diferenças na distribuição de proporções foram analisadas pelo teste do Qui-quadrado. As variáveis quantitativas (escores) estão descritas pela média e desvio-padrão (DP) e pela distribuição do quartil. Para comparação das médias de dois grupos independentes foi realizado o teste t student ou o teste não paramétrico de Mann-Whiteny. Para analisar a interação entre série e escola para os escores foi realizado o teste de Anova-two-way. O nível de significância adotado foi de 5% ($p \leq 0,05$) e os dados foram analisados no software SPSS (versão 24.0).

Figura 1 – Itens do instrumento relacionados aos aspectos motores

ASPECTOS MOTORES					
Não gosta ou evita desenhar?	1	2	3	4	5
Respeita o limite da figura ao pintar?	1	2	3	4	5
Apresenta corrdenação motora global preservada (ex.: pula, corre, agarra)?	1	2	3	4	5
Apresenta coordenação motora fina preservada (ex.: recorta, abotoa, amarra)?	1	2	3	4	5
Apresenta dificuldade na pressão do lápis?	1	2	3	4	5
Pressiona adequadamente (nem forte, nem fraco) o lápis no papel?	1	2	3	4	5

As letras têm tamanho desproporcional (grandes ou pequenas)?	1	2	3	4	5
A caligrafia é legível (independente do tipo de letra utilizada)?	1	2	3	4	5
Apresenta dificuldade para fazer o traçado da letra cursiva?	1	2	3	4	5

RESULTADOS E DISCUSSÃO

Foram apontados 230 escolares como sendo de risco para dislexia sendo 41 de escolas da rede privada de ensino e 189 de escolas da rede pública de ensino. Um questionário foi descartado da análise estatística devido ao preenchimento incompleto.

Foi observada diferença significativa entre os anos escolares com valores superiores no 2.° ano do Ensino Fundamental I (Tabela 1). Não foi encontrada diferença significativa entre as escolas pública e privada (Tabela 2). Houve diferença significativa entre os sexos com valores superiores para o sexo feminino (Tabela 3).

A tabela 4 aponta diferença significativa entre as faixas etária, identificadas pelo teste Post-Hoc pelas letras sobrescritas.

Tabela 1 – Comparação da média e desvio-padrão (DP) dos escores dos componentes e totais entre as séries/anos

	1° ANO (n=109)		2° ANO (n=121)		
	Média	DP	Média	DP	p-valor
AM	26,7	6,2	30,7	6,6	<0,001*

Fonte: Elaborado pelas autoras.
Nota: * p-valor ≤ 0,05 indica diferença significativa pelo teste t student para amostras independentes. † p-valor ≤ 0,05 indica diferença significativa pelo teste não paramétrico de Mann-Whitney.
Legenda: AM: "Aspectos Motores".

Tabela 2 – Comparação da média e desvio-padrão (DP) dos escores dos componentes e totais entre as escolas

	Privada (n=41)		Pública (n=189)		
	Média	DP	Média	DP	p-valor
AM	29,2	7,8	28,7	6,5	0,616

Fonte: Elaborado pelas autoras.
Nota: * p-valor ≤ 0,05 indica diferença significativa pelo teste t student para amostras independentes. † p-valor ≤ 0,05 indica diferença significativa pelo teste não paramétrico de Mann-Whitney.
Legenda: AM: "Aspectos Motores".

Tabela 3 – Comparação da média e desvio-padrão (DP) dos escores dos componentes e totais entre os sexos

	Fem (n=71)		Masc (n=127)		
	Média	DP	Média	DP	p-valor
AM	30,4	6,1	27,5	6,9	0,003*

Fonte: Elaborado pelas autoras.
Nota: * p-valor ≤ 0,05 indica diferença significativa pelo teste t student para amostras independentes. † p-valor ≤ 0,05 indica diferença significativa pelo teste não paramétrico de Mann-Whitney.
Legenda: AM: "Aspectos Motores".

Tabela 4 – Comparação da média e desvio-padrão (DP) dos escores dos componentes e totais entre as faixas etárias

Componente	Faixa etária	N	Média	DP	p-valor
AM	5a6m - 5a11m	19	26,5	5,3	0,004*
	6a - 6a6m	39	26,8[a]	5,9	
	6a7m - 6a11m	55	27,4[a]	6,3	
	7a - 7a6m	46	31,3[b]	6,1	
	7a7m - 7a11m	43	30,3	7,2	
	>=8a	16	28,9	7,7	

Fonte: Elaborado pelas autoras.
Nota: * p-valor ≤ 0,05 indica diferença significativa entre as faixas etárias pelo teste de Anova-one-way. † p-valor ≤ 0,05 indica diferença significativa entre as faixas etárias pelo teste não paramétrico de Kruskal-Wallis. Letras diferentes sobrescritas indicam diferenças significativas entre as faixas etárias pelo teste Post-Hoc de Holm-Sidak.
Legenda: AM: "Aspectos Motores

Tabela 5 – Comparação da média e desvio-padrão (DP) dos escores dos componentes e totais para análise da interação entre escola e série

	Privada				Pública				Anova
	1 Ano (n=19)		2 Ano (n=22)		1 Ano (n=90)		2 Ano (n=99)		Interação
	Média	DP	Média	DP	Média	DP	Média	DP	p-valor
AM	26,3	7,1	31,8	7,7	26,7	6,0	30,4	6,4	0,400

Fonte: Elaborado pelas autoras.
Nota: * p-valor ≤ 0,05 indica interação significativa entre série e escola pelo teste de Anova-two-way. † p-valor ≤ 0,05 indica diferença significativa em relação a escola privada dentro do ano pelo teste Post-Hoc de Holm-Sidak. ‡ p-valor ≤ 0,05 indica diferença significativa em relação ao 1° ano dentro da escola pelo teste Post-Hoc de Holm-Sidak.
Legenda: AM: "Aspectos Motores".

O movimento para crianças que apresentam dificuldades motoras pode se constituir em um grande desafio, de maneira que determinadas tarefas típicas da infância se tornam bastante difíceis (Caçola, 2016; Farhat *et al.*, 2015). Entre as dificuldades motoras encontra-se o Transtorno do Desenvolvimento da Coordenação – TDC. As estimativas internacionais apontam para uma prevalência do transtorno em torno de 6% das crianças em idade escolar, com destaque para o sexo masculino (Organização Mundial da Saúde [OMS], 1993; American Psychological Association (APA, 2013). Nos estudos brasileiros, não há um consenso da estimativa do Transtorno do Desenvolvimento da Coordenação, com as prevalências variando em torno de 4,4% a 19,9% (Santos; Vieira, 2013; Souza *et al.*, 2007; Valentini *et al.*, 2012).

Dados da OMS (1993) indicam que a dificuldade motora ocorre com maior frequência em meninos na proporção de quatro ou cinco meninos para cada menina. Miranda, Beltrame e Cardoso (2011) avaliaram 380 escolares em Florianópolis/SC e os meninos apresentaram média inferior no desempenho motor quando comparado às meninas. Green *et al.* (2011), ao avaliarem 4.331 crianças inglesas, identificaram 173 delas com indicativo de dificuldade motora, sendo 60,6% meninos e 40,4% meninas. As maiores dificuldades observadas nos meninos foram nas habilidades de destreza manual, ao contrário das meninas que apresentaram mais dificuldade nas habilidades de lançar e receber.

Beltrame (2017) referiu que há prevalência de risco de dificuldade de movimento nos meninos com um aumento no intervalo de 7 a 8 anos de idade o que veio ao encontro aos achados desse estudo no qual observa-se que não houve diferença significativa nesta faixa etária (Tabela 4).

Uma das ações motoras que exigem maior grau de integração e o funcionamento adequado do sistema nervoso central é a função motora fina, caracterizada como a capacidade de controlar um conjunto de atividades de movimento de certos segmentos do corpo, com emprego de força mínima, a fim de atingir uma resposta precisa à tarefa (Silveira *et al.*, 2005). A literatura aponta que alterações relacionadas a essa função podem ocasionar falhas no desenvolvimento da habilidade de escrita (Feder; Majnemer, 2007).

Para que haja precisão na forma das letras, é necessário o uso das habilidades motoras finas, percepção visual, integração percepto-visomotora, maturidade e integração da cognição (Stevenson; Just, 2014), o que torna o desenvolvimento da escrita um processo exigente, longo e complexo (Chang; Yu, 2013). A aquisição da escrita manual requer a combinação de coordenação de habilidades viso-motoras ao planejamento motor, cognitivo e às habilidades perceptuais, sendo elas tátil-cinestésicas e de organização no espaço e no tempo (Stenico; Capellini, 2013).

Vários autores referiram que escolares com dislexia e TDAH podem apresentar alterações no desenvolvimento motor (Carboni-Román, 2006; Soliva-Vila; Vilarroya-Oliver, 2009; Fliers *et al.*, 2009; Trevisan; Copped; Capellini, 2008). Okuda *et al.* (2011) verificaram déficit específico na coordenação motora fina em escolares com dislexia, particularmente em destreza manual.

Os participantes desse estudo selecionaram escolares do 1.º e 2.º anos que consideravam apresentar risco para a dislexia, segundo informações anteriores recebidas por meios de folderes explicativos e responderam nove itens de um questionário composto por sentenças interrogativas que pesquisavam, utilizando-se de uma escala Likert, o desempenho de aspectos motores.

Dentre eles, 68,7 % referirem que não apresentam coordenação motora global preservada; 60,5 % que não gostam ou evitam desenhar; 58,7 % que demonstram dificuldade para fazer o traçado da letra cursiva; 46,5 % que apresentam coordenação motora fina preservada e 43,5 % que registram as letras em tamanho desproporcional.

Considerando os resultados apresentados, que foram ao encontro da literatura nacional e internacional, verificou- se um significativo prejuízo de coordenação motora nos escolares de risco para a dislexia.

CONSIDERAÇÕES

O questionário como instrumento de coleta permitiu a caracterização dos aspectos relacionados à coordenação motora sendo considerado um instrumento objetivo e de fácil utilização, desde que haja um cuidadoso critério em sua construção. Nesse sentido é indispensável o desenvolvimento de instrumentos pedagógicos pré-diagnósticos, aplicáveis em sala de aula, que ajudem o professor tanto na tarefa de rastreamento de escolares de risco para a dislexia como, consequentemente, na intervenção precoce, independentemente de diagnóstico definitivo, em uma atitude conhecida como responsividade (Capellini; Navas, 2009; Capellini, 2007).

Corroborando com os dados da literatura nacional (Pinheiro; Lourenceti; Santos, 2010; Toniolo *et al.*, 2009) e internacionais (Vaquerizo-Madrid; Estevez-Diaz; Diaz-Maillo, 2006; Meyer; Sagvolden, 2006) que indicam que 34% dos escolares em fase escolar não estão aptos ao uso eficiente do desempenho da função motora fina, sensorial e perceptiva para o desenvolvimento das atividades de escrita no contexto escolar; esse estudo evidenciou os prejuízos na coordenação motora de escolares do 1.º e 2.º ano do Ensino Fundamental I considerados de risco para dislexia.

Uma limitação desse estudo foi a dificuldade de acesso direto aos professores para apresentação da pesquisa. Os escolares identificados com maior propensão ao risco para dislexia, considerando os aspectos motores pesquisados nesse estudo, deverão passar por um rastreio e, aqueles que sinalizarem alterações, por uma avaliação especializada para o levantamento da hipótese diagnóstica.

Dessa forma, verifica-se a importância da avaliação dos aspectos motores como forma de identificação de possíveis alterações indicativas de transtornos específicos da aprendizagem.

REFERÊNCIAS

APA. American Psychiatric Association. **DSM-5**: Manual diagnóstico e estatístico de transtornos mentais. Artmed Editora, 2014.

BELTRAME, T. S.; CAPISTRANO, R.; ALEXANDRE, J. M.; LISBOA, T.; ANDRADE, R. D.; FELDEN, É. P. G. Prevalência do Transtorno do Desenvolvimento da Coordenação em uma amostra de crianças brasileiras/Prevalence of Developmental Coordination Disorder in a sample of Brazilian children. **Cadernos Brasileiros de Terapia Ocupacional**, v. 25, n. 1, p. 105-113, 2017.

CAÇOLA, P.; IBANA, M.; RICARD, M.; GABBARD, C. Children with developmental coordination disorder demonstrate a spatial mismatch when estimating coincident-timing ability with tools. **Research in developmental disabilities**, v. 48, p. 124-131, 2016.

CAPELLINI, S. A.; NAVAS, A. L. G. P. Questões e desafios atuais na área da aprendizagem e dos distúrbios de leitura e escrita. *In:* CAPELLINI, S. A.; NAVAS, A. L. G. P. **Dislexia e outros distúrbios da leitura e escrita**: letras desafiando a aprendizagem. 2. ed. São José dos Campos: Pulso Editorial, 2009. p. 13-24.

CAPELLINI, S. A.; FERREIRA, T. D. L.; SALGADO, C. A.; CIASCA, S. M. Desempenho de escolares bons leitores, com dislexia e com transtorno do déficit de atenção e hiperatividade em nomeação automática rápida. **Revista da Sociedade Brasileira de Fonoaudiologia**, v. 12, p. 114-119, 2007.

CAPELLINI, S. A.; SOUZA, A. V. Avaliação da função motora fina, sensorial e perceptiva em escolares com dislexia do desenvolvimento. *In:* SENNYEY, A. L.; CAPOVILLA, F. C.; MONTIEL, J. M. **Transtornos de aprendizagem**: da avaliação à reabilitação. São Paulo: Artes Médicas, 2008. p. 55-64.

CARBONI-ROMÁN, A.; RÍO GRANDE, D. D.; CAPILLA, A.; MAESTÚ, F.; ORTIZ, T. Bases neurobiológicas de las dificultades de aprendizaje. **Revista de neurología**, v. 42, supl 2, p. 171-175, 2006.

CHANG, S. H.; YU, N. Y. Handwriting movement analyses comparing first and second graders with normal or dysgraphic characteristics. **Research in developmental disabilities**, v. 34, n. 9, p. 2433-2441, 2013.

CHANG, S. H.; YU, N. Y. The effect of computer-assisted therapeutic practice for children with handwriting deficit: A comparison with the effect of the traditional sensorimotor approach. **Research in developmental disabilities**, v. 35, n. 7, p. 1648-1657, 2014.

CHU, S. Occupational therapy for children with handwriting difficulties: A framework for evaluation and treatment. **British Journal of Occupational Therapy**, v. 60, n. 12, p. 514-520, 1997.

COPPEDE, A. C.; OKUDA, P. M. M.; CAPELLINI, S. A. Desempenho de escolares com dificuldades de aprendizagem em função motora fina e escrita. **Journal of Human Growth and Development**, v. 22, n. 3, p. 297-306, 2012.

FARHAT, F.; HSAIRI, I.; BAITI, H.; CAIRNEY, J.; MCHIRGUI, R.; MASMOUDI, K.; MOALLA, W. Assessment of physical fitness and exercise tolerance in children with developmental coordination disorder. **Research in developmental disabilities**, v. 45, p. 210-219, 2015.

FEDER, K. P.; MAJNEMER, A. Handwriting development, competency, and intervention. **Developmental Medicine & Child Neurology**, v. 49, n. 4, p. 312-317, 2007.

FERREIRA, T. D. L.; CAPELLINI, S. A.; CIASCA, S. M.; TONELOTTO, J. M. Desempenho de escolares leitores proficientes no teste de nomeação automatizada rápida--RAN. **Temas Desenvolv**, v. 12, n. 69, p. 26-32, 2003.

FLIERS, E.; VERMEULEN, S.; RIJSDIJK, F.; ALTINK, M.; BUSCHGENS, C.; ROMMELSE, N.; FRANKE, B. ADHD and poor motor performance from a family genetic perspective. **Journal of the American Academy of Child & Adolescent Psychiatry**, v. 48, n. 1, p. 25-34, 2009.

FLUSS, J.; ZIEGLER, J.; ECALLE, J.; MAGNAN, A.; WARSZAWSKI, J.; DUCOT, B.; BILLARD, C. Prévalence des troubles d'apprentissages du langage écrit en début de scolarité: l'impact du milieu socioéconomique dans 3 zones d'éducations distinctes. **Archives de pédiatrie**, v. 15, n. 6, 1049-1057, 2008.

GREEN, D.; LINGAM, R.; MATTOCKS, C.; RIDDOCH, C.; NESS, A.; EMOND, A. The risk of reduced physical activity in children with probable developmental coordination disorder: A prospective longitudinal study. **Research in developmental disabilities**, v. 32, n. 4, p. 1332-1342, 2011.

KUSHKI, A.; SCHWELLNUS, H.; ILYAS, F.; CHAU, T. Changes in kinetics and kinematics of handwriting during a prolonged writing task in children with and without dysgraphia. **Research in developmental disabilities**, v. 32, n. 3, p. 1058-1064, 2011.

Lam, S. S., Au, R. K., Leung, H. W., & Li-Tsang, C. W. Chinese handwriting performance of primary school children with dyslexia. Research in developmental disabilities, v. 32, n. 5, p. 1745-1756, 2011.

MARTINS, M. R. I.; BASTOS, J. A.; CECATO, A. T.; ARAUJO, M. D. L. S.; MAGRO, R. R.; ALAMINOS, V. Screening for motor dysgraphia in public schools. **Jornal de Pediatria** (versão em português), v. 89, n. 1, p. 70-74, 2013.

MEYER, A.; SAGVOLDEN, T. Fine motor skills in South African children with symptoms of ADHD: influence of subtype, gender, age, and hand dominance. **Behavioral and Brain Functions**, v. 2, n. 1, p. 1-13, 2006.

MIRANDA, T. B.; BELTRAME, T. S.; CARDOSO, F. L. Desempenho motor e estado nutricional de escolares com e sem transtorno do desenvolvimento da coordenação. **Revista Brasileira de Cineantropometria & Desempenho Humano**, v. 13, n. 1, p. 59-66, 2011.

MOLL, K.; LANDERL, K. Double dissociation between reading and spelling deficits. **Scientific studies of reading**, v. 13, n. 5, p. 359-382, 2009.

OKUDA, P. M. M.; LOURENCETTI, M. D.; SANTOS, L. C. A. D.; PADULA, N. A. D. M. R.; CAPELLINI, S. A. Coordenação motora fina de escolares com dislexia e transtorno do déficit de atenção e hiperatividade. **Revista Cefac**, v. 13, p. 876-885, 2011.

OKUDA, P. M. M.; PINHEIRO, F. H.; GERMANO, G. D.; PADULA, N. A. D. M. R.; LOURENCETTI, M. D.; SANTOS, L. C. A. D.; CAPELLINI, S. A. Função motora fina, sensorial e perceptiva de escolares com transtorno do déficit de atenção com hiperatividade. **Jornal da Sociedade Brasileira de Fonoaudiologia**, v. 23, p. 351-357, 2011.

OMS. Organização Mundial da Saúde. **Classificação Internacional das Doenças.** 10ª revisão (CID-10). São Paulo: Centro Colaborador da OMS para a Classificação de Doenças em Português. 1993.

OVERVELDE, A.; BOMMEL-RUTGERS, I.; BOSGRA-STORK, I.; CAUTEREN, M. V.; HALFWERK, B.; SMITS-ENGELSMAN, B. C. KNGF Evidence Statement Motorische schrijfproblemen bij kinderen. **Nederlands Tijdschrift voor Fysiotherapie**, v. 121, n. 2, 2011.

PESTUN, M. S. V.; CIASCA, S.; GONÇALVES, V. M. G. A importância da equipe interdisciplinar no diagnóstico de dislexia do desenvolvimento: relato de caso. **Arquivos de neuro-psiquiatria**, v. 60, p. 328-332, 2002.

PINHEIRO, F. H.; LOURENCETI, M. D.; SANTOS, L. C. A. Transtorno do déficit de atenção e hiperatividade: critérios diagnósticos. *In:* CAPELLINI, A. S; GERMANO, G. D.; CUNHA, V. L. (org.). **Transtornos de aprendizagem e transtornos da atenção (da avaliação à intervenção)**. São José dos Campos: Pulso Editorial, 2010. p. 91-103.

POLICY, N. A. N.; SILVER, C. H.; RUFF, R. M.; IVERSON, G. L.; BARTH, J. T.; BROSHEK, D. K.; PLANNING COMMITTEE. Learning disabilities: The need for neuropsychological evaluation. **Archives of Clinical Neuropsychology**, v. 23, n. 2, p. 217-219, 2008.

PRUNTY, M.; BARNETT, A. L. Accuracy and consistency of letter formation in children with developmental coordination disorder. **Journal of learning disabilities**, v. 53, n. 2, p. 120-130, 2020.

RODRIGUES, S. D.; CIASCA, S. M. Disgrafia na infância: aspectos psicomotores. *In:* RODRIGUES, S. D.; CIASCA, S. M. **Transtornos de aprendizagem**: processos em avaliação e intervenção preventiva e remediativa. 2. ed. São Paulo: Memnon, 2011. p. 224-230.

ROSENBLUM, S.; ALONI, T.; JOSMAN, N. Relationships between handwriting performance and organizational abilities among children with and without dysgraphia: A preliminary study. **Research in developmental disabilities**, v. 31, n. 2, p. 502-509, 2010.

SANTOS, V. A. P. D.; VIEIRA, J. L. L. Prevalência de desordem coordenativa desenvolvimental em crianças com 7 a 10 anos de idade. **Revista Brasileira de Cineantropometria & Desempenho Humano**, v. 15, p. 233-242, 2013.

SENO, M. P. (2020). **Elaboração e aplicação de um questionário para identificação precoce dos sinais de risco para a dislexia**. Orientador: Simone Aparecida Capellini. 2020. 250 f. Tese (Doutorado em Educação) – Faculdade de Filosofia e Ciências, Universidade Estadual Paulista "Júlio de Mesquita" UNESP – Campus de Marília - SP, 2020.

SHEN, I. H.; LEE, T. Y.; CHEN, C. L. Handwriting performance and underlying factors in children with Attention Deficit Hyperactivity Disorder. **Research in developmental disabilities**, v. 33, n. 4, p. 1301-1309, 2012.

SILVEIRA, C. R. A.; GOBBI, L. T. B.; CAETANO, M. J. D.; ROSSI, A. C. S.; CANDIDO, R. P. Avaliação motora de pré-escolares: relações entre idade motora e idade cronológica. **Lecturas: Educa ción Fisica y Deportes** [Periódico on-line], v. 10, n. 83, 2005.

SIQUEIRA, C. M.; GURGEL-GIANNETTI, J. Mau desempenho escolar: uma visão atual. **Revista da Associação Médica Brasileira**, v. 57, p. 78-87, 2011.

SOLIVA VILA, J. C.; VILARROYA OLIVER, O. Aportaciones de la resonancia magnética estructural al esclarecimiento de la neurobiología del trastorno por déficit de atención/hiperactividad: hacia la identificación de un fenotipo neuroanatómico. **Revista de Neurología**, v. 48, n. 11, p. 592-598, 2009.

SOUZA, C. D.; FERREIRA, L.; CATUZZO, M. T.; CORRÊA, U. C. O teste ABC do movimento em crianças de ambientes diferentes. **Revista Portuguesa de Ciências do Desporto**, v. 7, n. 1, p. 36-47, 2007.

STENICO, M. B.; CAPELLINI, S. A. Habilidades perceptivas visuais e qualidade de escrita de escolares com dislexia. **Revista Psicopedagogia**, v. 30, n. 93, p. 169-176, 2013.

STEVENSON, N. C.; JUST, C. In early education, why teach handwriting before keyboarding?. **Early Childhood Education Journal**, v. 42, n. 1, p. 49-56, 2014.

SUMMERS, J.; LARKIN, D.; DEWEY, D. Activities of daily living in children with developmental coordination disorder: dressing, personal hygiene, and eating skills. **Human movement science**, v. 27, n. 2, p. 215-229, 2008.

TONIOLO, C.; SANTOS, L.; LOURENCETI, M.; PADULA, N.; CAPELLINI, S. Caracterização do desempenho motor em escolares com transtorno de déficit de atenção com hiperatividade. **Revista Psicopedagogia**, v. 26, n. 79, p. 33-40, 2009.

TREVISAN, J. G.; COPPEDE, A. C.; CAPELLINI, S. A. Avalilação da função motora fina, sensorial e perceptiva em escolares com dificuldades de aprendizagem. **Temas desenvolv**, v. 16, n. 94, p. 183-187, 2008.

VALENTINI, N. C.; COUTINHO, M. T. C.; PANSERA, S. M.; SANTOS, V. A. P. D.; VIEIRA, J. L. L.; RAMALHO, M. H.; OLIVEIRA, M. A. D. Prevalência de déficits motores e desordem coordenativa desenvolvimental em crianças da região Sul do Brasil. **Revista Paulista de Pediatria**, v. 30, n. 3, p. 377-384, 2012.

VAQUERIZO-MADRID, J.; ESTÉVEZ-DÍAZ, F.; DÍAZ-MAÍLLO, I. Revisión del modelo de alerta e intervención psicolingüística en el trastorno por déficit de atención e hiperactividad. **Revista de Neurología**, v. 42, supl 2, S53-S61, 2006.

WU, T. K.; HUANG, S. C.; MENG, Y. R. Evaluation of ANN and SVM classifiers as predictors to the diagnosis of students with learning disabilities. **Expert Systems with Applications**, v. 34, n. 3, p. 1846-1856, 2008.

O USO DA TECNOLOGIA PARA AVALIAÇÃO E INTERVENÇÃO DA ESCRITA MANUAL

Giseli Donadon Germano

Simone Aparecida Capellini

INTRODUÇÃO

De acordo com Van Galen (1991) e Kandel *et al.* (2017), ao observarmos uma produção de escrita de um escolar no papel, estamos olhando, na verdade, examinando, para o produto final, consequência de vários processos linguísticos e motores.

Entende-se que as crianças começam a escrever traço por traço, passando a juntá-los para formar letras, de modo que, esse desenvolvimento proporcione uma escrita fluente e suave (THIBON; GERBER; KANDEL, 2018).

Em relação ao desenvolvimento da escrita, Berninger *et al.* (1992) descrevem que para a produção de escrita de letras do alfabeto se inicia a partir de 5 a 8 anos de idades, caracterizada por uma escrita com movimentos lentos e imprecisos, e com a maior necessidade de controle muscular e monitoramento cognitivo para a produções de palavras.

Com o aumento das atividades escolares, por volta dos 10 a 11 anos de idade, os escolares já criam representações dos movimentos e sensações das letras em sua memória de longo prazo. Nesta fase, passam a executar uma escrita mais fluente, com menor necessidade de *feedback* visual e cinestésico, direcionando a memória operacional para aspectos textuais como correções e acessos léxico-semânticos e sintáticos. (KANDEL; PERRET, 2015a, 2015b; VAN GALEN, 1993).

Deste modo, faz-se importante a caracterização destes aspectos motores, tanto no contexto avaliativo quanto no interventivo, sendo este o objetivo deste capítulo.

A TECNOLOGIA PARA AVALIAÇÃO DA ESCRITA MANUAL

Para estas avaliações são necessários computador com uma mesa digitalizadora acoplada, uma caneta especial, e *softwares* específicos, com a função de analisar as coordenadas dos eixos "x" e "y". Os *softwares* para a análise da escrita utilizam medidas mais precisas, buscando avaliar características de movimento e de legibilidade, em tempo real e os sensores localizados na caneta permitem gravar a pressão usada pelo escritor durante a atividade de escrita (ROSENBLUM; WEISS; PARUSH, 2003).

A seguir, na Tabela 1, iremos descrever alguns estudos, que utilizaram *softwares* com a função avaliativa.

Tabela 1 – Medidas avaliadas por *softwares* em pesquisas

Autores	Variáveis avaliadas
Rosenblum, Dvorkin e Weiss (2008)	Medidas de número de segmentos, número de letras para o primeiro minuto, número de letras por minuto para todo o parágrafo. Medidas de distância entre letras no eixo x (mm), tempo "no ar" entre letras (s). Medidas temporais de velocidade média.
Hocchauser, Wagner e Shvalb (2021)	As pressões médias dos dedos no instrumento de escrita e a ponta da caneta na superfície do *tablet*.
Gargot *et al.* (2021)	Variáveis qualitativas da escrita (tamanho de letras, alargamento de margens, alinhamento, espaçamento); Variáveis quantitativas (Velocidade, número de caracteres escritos em 5 minutos); características estáticas (Espaço entre Palavras); características cinemáticas (Velocidade); características de pressão.
Rosenblum (2018)	Medidas de legibilidade e tempo de execução na escrita, bem-estar físico e emocional; e tempo total de desempenho, pressão média.
Asselborn e Gargot (2018)	Medidas de características estáticas da escrita (espaço entre as palavras); características cinemáticas da escrita (velocidade e aceleração da escrita, taxa de tempo no ar); Características de pressão.
Gargot *et al.* (2020)	Variáveis de avaliação postura (distância entre o nariz e a mão direita), medidas de pressão, comprimento da palavra.

Barrientos (2017)	Velocidade, pressão, tempo de pausas.
Giammarco *et al.* (2016)	Medidas de número de traços, pressão e velocidade. Variação máxima na altura dos segmentos ascendentes e descendentes das letras.
Shooman e Rosenblum (2014)	Precisão e esforço, tempo e velocidade de desempenho, Medidas temporais, espaciais e de pressão para cada traço de desenho e desempenho geral das tarefas realizadas no *tablet*.
Di Brina *et al.* (2008)	Variáveis cinemáticas: tempo de escrita, comprimento da distância percorrida pela ponta da caneta), velocidade absoluta, tempo de pausas.
Lange-Küttner (1998)	Variáveis de pressão do movimento, tempo médio de desenho no *tablet*, velocidade média do movimento de desenho.
Parush, Levanon-Erez e Weintraub (1998)	Velocidade da escrita; medidas de qualidade da caligrafia (letras apagadas, letras irreconhecíveis, letras com formatos incorretos e qualidade do arranjo espacial (lacunas, sobreposições, tamanho, alinhamento), pressão.
Rosenblum e Livneh-Zirinski (2008)	Medidas de legibilidade (Letras apagadas e/ou substituídas, letras irreconhecíveis, tempo de escrita no papel e no ar, largura do traço pressão.

Fonte: Elaborado pelas autoras.

A literatura referiu diversas medições, como pressão de escrita, ângulo articular do membro superior e velocidade de escrita (GARGOT *et al.*, 2020, 2021). Em relação à pressão (HORIE; SHIBATA, 2018), referiram ser esta uma boa medida, já que ela se relaciona com a velocidade e a precisão da escrita.

De acordo com a Tabela 1, os estudos citados utilizaram *softwares* para auxiliá-los na obtenção e avaliação dos parâmetros de escrita. Grande parte variáveis cinemáticas, como a velocidade (Gargot *et al.*, 2020; Barrientos, 2017; Giammarco *et al.*, 2016; Di Lange-Küttner, 1998; Parush; Levanon-Erez; Weintraub, 1998; Taverna *et al.*, 2020).

Gargot *et al.* (2020) ainda destacam que, clinicamente, o estudo da pressão se faz importante, pois esse recurso pode estar relacionado à automação do movimento da caneta, ou seja, a criança tem um melhor controle da caneta se puder alterar a pressão da caneta de diferentes maneiras.

Germano e Capellini (2019) realizaram estudo nacional para medir variáveis Latência, produção de duração da letra e Fluência do movimento, a partir do software Ductus. O resultado destacou a influência da falta de ensino sistematizado para o traçado de Letras para estudantes brasileiros, uma vez que a proficiência em caligrafia está criticamente ligada ao desempenho acadêmico.

A TECNOLOGIA PARA A INTERVENÇÃO DA ESCRITA MANUAL

Intervenções com o uso da tecnologia são escassas na literatura. Estudos realizaram intervenções com foco sensório-motor (Weintraub *et al.*, 2009; Zwicker; Hadwin, 2009) ou um foco cognitivo (Berninger *et al.*, 2006; Berninger *et al.*, 1997; Jongmans *et al.*, 2003; Sudsawad *et al.*, 2002; Weintraub *et al.*, 2009).

Nos estudos com a prática de caligrafia com foco cognitivo, os escolares receberam instruções para ajudá-los a pensar na formação de letras e na autocorreção. Berninger *et al.* (1997) examinaram o impacto de diferentes tipos de prática de grupo no número de letras formadas corretamente em 60 segundos. A imitação motora e a prática de escrever letras de memória com ou sem dicas visuais (por exemplo, setas de direção) produziram melhora significativa ao longo das sessões. Em um estudo subsequente, Berninger *et al.* (2006) combinaram essas formas de prática com uma intervenção "clube de caligrafia". Durante as sessões, os membros do clube realizaram exercícios destinados a envolvê-los como escritores (por exemplo, escolares adotaram um pseudônemo e compuseram suas próprias histórias). Houve um efeito que foi estatisticamente significativo.

Weintraub *et al.* (2009) não observaram mudança na velocidade, mas uma melhora significativa na legibilidade, após sessões semanais de prática de caligrafia orientada por tarefas. Em contraste, Jongmans *et al.* (2003) não obtiveram melhora significativa nas sessões de correção autoguiada. Também Sudsawad *et al.* (2002) não identificaram melhora na legibilidade ou velocidade após sessões de prática de caligrafia realizadas durante um período de duas semanas, e Zwicker e Hadwin

(2009) não viram melhora significativa em sessões semanais de prática de caligrafia cognitivamente focada.

Em um estudo de intervenção direta na escola, (Case-Smith, 2002), com a prática da caligrafia com foco sensório-motor, os escolares receberam *feedback* estético, tátil ou auditivo aprimorado enquanto praticavam a formação de letras. Após esta intervenção, os escolares não tiveram melhoras em termos de legibilidade e velocidade (Weintraub *et al.*, 2009; Zwicker; Hadwin, 2009).

Já Palsbo e Hood-Szivek (2012) desenvolveram um pacote de *software* e *hardware* háptico personalizado (*My Scrivener!*) para um robô socialmente assistido. O *software* gera uma via háptica tridimensional quando o usuário digita uma ou mais letras, números ou glifos de pontuação. A via háptica foi personalizada, de acordo com os objetivos da sessão de treinamento, incluindo velocidade, tamanho do glifo, altura da caneta levantada do papel, número de repetições, quantidade de força háptica e esquerda ou direita padrões de traçado de mão.

Deste modo, de acordo com os autores, os escolares que inverteram letras e números realizaram exercício de propriocepção que consistia em fechar os olhos e adivinhar qual glifo ou sequência de letras o robô estava escrevendo. Os escolares que escreviam lentamente passavam mais tempo do seu robô, buscando acelerar a escrita com o robô.

Como resultados, Palsbo e Hood-Szivek (2012) indicaram que houve melhorias funcionais na caligrafia (aumento da velocidade e formas de letras consistentes), que foram alcançadas em escolares Transtornos do Déficit de Atenção com Hiperatividade (subtipos desatentos e mistos) e Transtornos do Espectro Autista em treinamento de movimento de repetição.

CONSIDERAÇÕES FINAIS

Os achados deste capítulo nos permitem concluir que há uma incoerência entre a disponibilidade de estudos para a intervenção com o uso da tecnologia, quando comparados com avaliação.

Entretanto, devido aos benefícios motivacionais que o uso da tecnologia pode proporcionar ao escolar e a ausência de estudos nacionais, destaca-se a necessidade de continuidade de pesquisas a fim de verificar a eficácia de tecnologia para intervenções no contexto de aprendizagem dos escolares brasileiros.

REFERÊNCIAS

ASSELBORN, T.; GARGOT, T. Automated human-level diagnosis of dysgraphia using a consumer tablet. npj Digital Medicine, v. 1, n. 1, dez. 2018.

BARRIENTOS, P. Handwriting Development in Spanish Children With and Without Learning Disabilities: A Graphonomic Approach. Journal of Learning Disabilities, v. 50, n. 5, p. 552–563, 2017.

BERNINGER, V. W.; MIZOKAWA, D. T.; BRAGG, R. Scientific practitioner: Theory-based diagnosis and remediation of writing disabilities. Journal of school psychology, v. 29, n. 1, p. 57-79, 1991.

BERNINGER, V. W.; VAUGHAN, K. B.; ABBOTT, R. D.; ABBOTT, S. P. Treatment of handwriting problems in beginning writers: Transfer from handwriting to composition. Journal of Educational Psychology, v. 89, n. 4, p. 652, 1997.

BERNINGER, V. W.; RUTBERF, J. E.; ABBOTT, R. D.; GARCIA, N.; ANDERSON-YOUNGSTROM, M.; FULTON, C. Tier 1 and Tier 2 early intervention for handwriting and composing. Journal of School Psychology, v. 44, n. 1, p. 3-30, 2006.

CASE-SMITH, J. Effectiveness of school-based occupational therapy intervention on handwriting. The American Journal of Occupational. Therapy, v. 56, n. 1, p. 17-25, 2002.

DI BRINA, C.; NIELS, R.; OVERVELDE, A.; LEVI, G.; HULSTIJN, W. Dynamic time warping: A new method in the study of poor handwriting. Human Movement Science, v. 27, n. 2, p. 242–255, 2008.

GARGOT, T.; ASSELBORN, T.; ZAMMOURI, I.; BRUNELLE, J.; JOHAL, W.; DILLENBOURG, P.; ARCHAMBAULT, D. CHETOUANI, M.; COHEN, D.; ANZALONE, S. M. "It Is Not the Robot Who Learns, It Is Me." Treating Severe Dysgraphia Using Child–Robot Interaction. Frontiers in Psychiatry, v. 12, n. 596055, p. 1–11, 2021. DOI: https://doi.org/10.3389/fpsyt.2021.596055.

GARGOT, T.; ASSELBORN, T.; PELLERIN, H.; ZAMMOURI, I.; ANZALONE, S. M.; CASTERAN, L.; JOHAL, W.; DILLENBOURG, P.; COHEN, D.; JOLLY, C. Acquisition of handwriting in children with and without dysgraphia: A computational approach. PLoS ONE, v. 15, n. 9 September, p. 1–22, 2020. DOI: 10.1371/journal.pone.0237575.

GERMANO, G. D.; CAPELLINI, S. A. Use of technological tools to evaluate handwriting production of the alphabet and pseudocharacters by Brazilian students. Clinics, v. 74, 2019. DOI: https://doi.org/10.6061/clinics/2019/e840.

GIAMMARCO, E.; SANO, S. D.; AURELI, T.; CERRATTI, P.; FANÒ-LLLIC, G.; PIETRANGELO, T. Psychological and physiological processes in figure-tracing abilities measured using a tablet computer: A study with 7 and 9 years old children. Frontiers in Psychology, v. 7, n. 1528, p. 1–11, 2016.

HOCHHAUSER, M.; WAGNER, M.; SHVALB, N. Assessment of children's writing features: A pilot method study of pen-grip kinetics and writing surface pressure. Assistive Technology, p. 1–9, 2021.

HORIE, S.; SHIBATA, K. Quantitative evaluation of handwriting: factors that affect pen operating skills. Journal of Physical Therapy Science, v. 30, n. 8, p. 971-975, 2018. DOI:10.1589/jpts.30.971.

JONGMANS, M.; LINTHORST-BAKKER, E.; WESTERNBERG, Y.; SMITS-ENGELSMAN, B. C. M. Use of a task-oriented self-instruction method to support children in primary school with poor handwriting quality and speed. Human movement science, v. 22, n. 4-5, p. 549-566, 2003.

KANDEL, S.; PERRET, C. How do movements to produce letters become automatic during writing acquisition? Investigating the development of motor anticipation. International Journal of Behavioral Development, v. 39, n. 2, p. 113-120, 2015a.

KANDEL, S.; PERRET, C. How does the interaction between spelling and motor processes build up during writing acquisition?. Cognition, v. 136, p. 325-336, 2015b.

KANDEL, S.; LASSUS-SANGOSSE, D.; GROSJACQUES, G.; PERRET, C. The impact of developmental dyslexia and dysgraphia on movement production during word writing. Cognitive neuropsychology, v. 34, n. 3-4, p. 219-251, 2017.

LANGE-KÜTTNER, C. Pressure, velocity, and time in speeded drawing of basic graphic patterns by young children. Perceptual and Motor Skills, v. 86, p. 1299–1310, 1998. DOI: 10.2466/pms.1998.86.3c.1299.

PALSBO, S. E.; HOOD-SZIVEK, P. Effect of robotic-assisted three-dimensional repetitive motion to improve hand motor function and control in children with handwriting deficits: A nonrandomized phase 2 device trial. The American Journal of Occupational Therapy, v. 66, n. 6, p. 682-690, 2012.

PARUSH, S.; LEVANON-EREZ, N.; WEINTRAUB, N. Ergonomic factors influencing handwriting performance. Work, v. 11, n. 3, p. 295–305, 1998.

ROSENBLUM, S. Inter-relationships between objective handwriting features and executive control among children with developmental dysgraphia. PLoS ONE, v. 13, n. 4, p. 1–14, 2018.

ROSENBLUM, S.; LIVNEH-ZIRINSKI, M. Handwriting process and product characteristics of children diagnosed with developmental coordination disorder. Human Movement Science, v. 27, n. 2, p. 200–214, 2008.

ROSENBLUM, S.; WEISS, P. L.; PARUSH, S. Product and process evaluation of handwriting difficulties. Educational psychology review, v. 15, n. 1, p. 41-81, 2003.

SHOOMAN, L. T.; ROSENBLUM, S. Drawing proficiency screening questionnaire (DPSQ): Development, reliability, and validity. American Journal of Occupational Therapy, v. 68, n. 6, p. e227–e233, 2014.

SUDSAWAD, P. TROBLY, C. A. HENDERSON, A.; TICKLE-DEGNEM, L. Testing the effect of kinesthetic training on handwriting performance in first-grade students. The American journal of occupational therapy, v. 56, n. 1, p. 26-33, 2002.

TAVERNA, L.; TREMOLADA, M.; TOSETTO, B.; DOZZA, L.; RENATA, Z. S. Impact of Psycho-Educational Activities on Visual-Motor Integration, Fine Motor Skills and Name Writing among First Graders: A Kinematic Pilot Study. Children, v. 7, n.27, p. 1–16, 2020. DOI: 10.3390/children7040027.

THIBON, L. S.; GERBER, S.; KANDEL, S. The elaboration of motor programs for the automation of letter production. Acta psychologica, v. 182, p. 200-211, 2018.

VAN GALEN, G. P. Handwriting: Issues for a psychomotor theory. Human movement science, v. 10, n. 2-3, p. 165-191, 1991.

WEINTRAUB, N.; YINON, M.; HIRSCH, I. B-E.; PARUSH, S. Effectiveness of sensorimotor and task-oriented handwriting intervention in elementary school-aged students with handwriting difficulties. OTJR: Occupation, Participation and Health, v. 29, n. 3, p. 125-134, 2009. DOI:10.3928/15394492-20090611-05.

ZWICKER, J. G.; HADWIN, A. F. Cognitive versus multisensory approaches to handwriting intervention: A randomized controlled trial. OTJR: Occupation, Participation and Health, v. 29, n. 1, p. 40-48, 2009.

SOBRE AS ORGANIZADORAS

Simone Aparecida Capellini

Fonoaudióloga. Professora Titular do Departamento de Fonoaudiologia e dos Programas de Pós-Graduação em Educação e em Fonoaudiologia da Faculdade de Filosofia e Ciências – FFC/UNESP – Marília-SP. Membro do *Collegio dei Docenti del Corso di Dottorato in Formazione, Patrimonio Culturale e Territori presso l'Università di Macerata, Macerata, Itália.* Coordenadora do Laboratório de Investigação dos Desvios da Aprendizagem (LIDA) do Departamento de Fonoaudiologia – FFC/UNESP – Marília-SP. Líder do grupo de pesquisa CNPq "Linguagem, Aprendizagem e Escolaridade". Coordenadora do Departamento de Fonoaudiologia Educacional da Sociedade Brasileira de Fonoaudiologia (SBFa), gestões 2017-2019; 2020-2022 e 2023-2025.

Monique Herrera Cardoso

Fonoaudióloga. Mestra em Fonoaudiologia e Doutora em Educação pela Faculdade de Filosofia e Ciências – FFC/UNESP – Marília-SP. Docente do Curso de Fonoaudiologia da Universidade de Sorocaba – UNISO. Membro do grupo de pesquisa do CNPq "Linguagem, Aprendizagem, Escolaridade". Vice-coordenadora do Comitê de Ensino Fundamental I e II do Departamento de Fonoaudiologia Educacional da Sociedade Brasileira de Fonoaudiologia (SBFa), gestões 2020-2022 e 2023-2025.

SOBRE OS AUTORES

BIANCA DOS SANTOS

Fonoaudióloga. Doutora em Educação e Mestre em Distúrbios da Comunicação Humana pela Faculdade de Filosofia e Ciências da UNESP / Marília – SP. Pós-Graduação em Neuropsicopedagogia (Faculdade Campos Elíseos - SP). Co-fundadora do Alfameta. Proprietária da BS Fonoaudiologia & Treinamento. Responsável por atendimento clínico, cursos e supervisões para profissionais da saúde e educação.

CAMILA FERNANDA DA SILVA BANDEIRA

Doutora em Educação (2022) e Mestra em Educação (2017) pelo Programa de Pós-Graduação em Educação da Faculdade de Filosofia e Ciências da Universidade Estadual Paulista "Júlio de Mesquita Filho", câmpus de Marília/SP. Graduada em Pedagogia (2013) pela FFC-UNESP/Marília/SP.

CATIA GIACONI

Pedagoga. Especialista em Educação Especial. Professora Titular do Dipartamento di Scienze dela Formazione, dei Beni Culturali e del Turismo *Universita degli Studi di Macerata (UNIMC)*, em Macerata – Itália.

CLARA REGINA BRANDÃO DE AVILA

Fonoaudióloga com mestrado (1986) e doutorado (1990) em Distúrbios da Comunicação Humana (Fonoaudiologia) pela Universidade Federal de São Paulo (UNIFESP). Livre-docente em Transtornos da Leitura e da Escrita pela Universidade Federal de São Paulo. Atualmente, é Professora Associada do Departamento de Fonoaudiologia da Universidade Federal de São Paulo/ Escola Paulista de Medicina (UNIFESP/EPM). Coordena o Núcleo de Ensino, Assistência, e Pesquisa em Escrita e Leitura (NEAPEL/UNIFESP).

ELIANE GIACHETTO SARAVALI

Professora Livre-Docente em Psicologia do Desenvolvimento pela Universidade Estadual Paulista "Júlio de Mesquita Filho". Doutora e Mestra em Educação pela UNICAMP, realizou Pós-doutorado em Educação na UEL, Universidade Estadual de Londrina-PR. Pedagoga e Psicopedagoga, atuou como professora de educação infantil e em atendimentos junto a crianças com dificuldades de aprendizagem. Atualmente, é docente do Departamento de Educação e Desenvolvimento Humano e do Programa de Pós-Graduação em Educação da UNESP, câmpus de Marília/SP. É líder do GEADEC – Grupo de Estudos e Pesquisas em Aprendizagem e Desenvolvimento na Perspectiva Construtivista (CNPq - UNESP/Marília) e colaboradora do Laboratório de Psicologia Genética - LPG (Unicamp).

FRANCISCO ROSA NETO

Professor Titular da Universidade do Estado de Santa Catarina (UDESC) e Coordenador do Laboratório Desenvolvimento Humano (LADEHU/UDESC). Doutorado em Medicina do Esporte, Faculdade de Medicina, Universidade de Zaragoza (Espanha). Mestrado em Deficiência Mental e Transtornos de Aprendizagem, Faculdade de Medicina, Universidade de Sevilha (Espanha). Especialista em Ciências Morfofuncionais do Esporte, Faculdade de Medicina, Universidade de Córdoba (Espanha). Licenciatura plena em Educação Física (UDESC). Coordenador do Laboratório de Desenvolvimento Humano (UDESC).

GISELI DONADON GERMANO

Fonoaudióloga. Docente do Departamento de Educação e Desenvolvimento Humano (DE- PEDH) – FFC – UNESP – Marília e do Programas de Pós-Graduação em Fonoaudiologia da Faculdade de Filosofia e Ciências – FFC/UNESP – Marília/SP. Membro do grupo de pesquisa "Linguagem, Aprendizagem e Escolaridade" (CNPq). Pesquisadora colaboradora do Laboratório de Investigação dos Desvios da Aprendizagem (LIDA) do Departamento de Fonoaudiologia – FFC/UNESP – Marília/SP. Vice-coordenadora do Departamento de Fonoaudiologia Educacional da Sociedade Brasileira de Fonoaudiologia (SBFa), Gestões 2017-2019; 2020-2022 e 2023-2025.

GRAZIELE KERGES ALCANTARA

Psicóloga. Mestra e Doutoranda em Fonoaudiologia pela Universidade Estadual Paulista "Júlio de Mesquita Filho" – FFC/UNESP – Marília/SP. Especialista em Neuropsicologia pelo CFP com formação em Reabilitação Neuropsicológica pelo Centro de Estudos de Neurologia Prof. Antônio Branco Lefèvre HC-FMUSP e formação em Terapia Cognitiva-Comportamental pelo Instituto de Neurociência e Comportamento de São Paulo. Neuropsicóloga pesquisadora do Laboratório de Investigação dos Desvios da Aprendizagem - LIDA do Departamento de Fonoaudiologia FFC/UNESP-Marília/SP.

ILÀRIA D'ANGELO

Pedagoga. Especialista em Educação Especial. Docente do Dipartamento di Scienze dela Formazione, dei Beni Culturali e del Turismo *Universita degli Studi di Macerata (UNIMC)*, em Macerata – Itália.

JULIANA FLORES MENDONÇA ALVES

Terapeuta Ocupacional. Mestra em Ciências da Reabilitação pela UFMG. Especializada em Neurociências pela UFMG e Psicopedagogia pela FUMEC. Certificação internacional em Integração sensorial pela USC- Califórnia.

LUCIANA CIDRIM

Fonoaudióloga (UNICAP). Especialista em Fonoaudiologia Educacional pelo Conselho Federal de Fonoaudiologia (CFFa.). Mestre e Doutora em Ciências da Linguagem (UNICAP). Graduada em Letras (UNINTER). Coordenadora do Comitê de Ensino Fundamental I e II do Departamento de Fonoaudiologia Educacional da Sociedade Brasileira de Fonoaudiologia (SBFa.). Atualmente realiza estágio pós-doutoral junto ao Programa de Ciências da Linguagem (PPGCL) da Universidade Católica de Pernambuco onde atua no desenvolvimento de aplicativos para escolares com dislexia. Membro dos Grupos de Pesquisa CNPq – GETE/Gênero, Texto e Ensino e Saúde da Comunicação Humana e Saúde da Comunicação Humana.

MARÍLIA PIAZZI SENO

Doutora em Educação e Mestra em Fonoaudiologia pela Universidade Estadual Paulista - UNESP/Marília-SP. Pós-doc em andamento (UNESP/Marilia-SP). Graduada em Fonoaudiologia e Pedagogia. Especialista em Audiologia pelo CFFa. Especialista em Linguagem pelo CFFa. Especialista em Fonoaudiologia Educacional pelo CFFa. Pós-graduada em Psicopedagogia, Pós-graduada em Intervenção ABA para Autismo e Deficiência Intelectual. Coordenadora do Centro de Reabilitação Infantil Especializado- CRIE e do Setor de Terapias Especiais da UNIMED de Marília/SP. Fonoaudióloga Clínica. Consultoria e Assessoria para Cooperativas Médicas reorganizando o setor de Terapias Especiais. Fonoaudióloga da Secretaria Municipal da Educação de Marília (2001 a 2021). Idealizadora e Supervisora do Centro de Atendimento Multidisciplinar de Marília (2009-2013).

MARISA SACALOSKI

Fonoaudióloga. Pedagoga e Psicopedagoga. Especialista em Distúrbios da Comunicação Humana, em Audiologia e em Educação Especial e Libras. Doutora em Ciências pela Unifesp. Docente do curso de Fonoaudiologia da Unifesp.

NATÁLIA LEMES DOS SANTOS

Fonoaudióloga. Mestra e Doutoranda em Fonoaudiologia pela FFC/UNESP- Marília-SP. Membro do Laboratório de Investigação dos Desvios de Aprendizagem (LIDA) do Departamento de Fonoaudiologia- FFC/UNESP. Membro do Grupo de Pesquisa do CNPq "Linguagem, Aprendizagem, Escolaridade" da Faculdade de Filosofia e Ciências da Universidade Estadual Paulista- FFC/UNESP. Docente do Curso de Fonoaudiologia do Centro Universitário Campo Limpo Paulista – Unifaccamp

NATASHA CINTI DE SÁ

Graduanda em Fonoaudiologia pela FFC/UNESP. Bolsista de Iniciação Científica do CNPq. Atriz. Contadora de História. Pianista. Possui graduação em Informática para Gestão de Negócios pelo Centro Estadual de Educação Tecnológica Paula Souza (2012) - FATEC de São José do Rio Preto. Membro do Grupo de Pesquisa do CNPq "Linguagem, Aprendizagem, Escolaridade" da Faculdade de Filosofia e Ciências da Universidade Estadual Paulista- FFC/UNESP.

NOEMI DEL BIANCO

Pedagoga. Especialista em Educação Especial. Docente do Dipartamento di Scienze dela Formazione, dei Beni Culturali e del Turismo *Universita degli Studi di Macerata (UNIMC)*, em Macerata – Itália.

ANOTAÇÕES